Lernkrimi Spanisch

# Die Spur des schwarzen Reiters



Story: Marc Hillefeld
Übersetzung: Juan Carlos Nevado Cortés

Compact Verlag

**Bisher sind in dieser Reihe erschienen:**

- Compact Lernkrimi Englisch Grammatik
- Compact Lernkrimi Englisch Konversation
- Compact Lernkrimi Englisch GB/US Grammatik
- Compact Lernkrimi Englisch GB/US Konversation
- Compact Lernkrimi Englisch Grundwortschatz
- Compact Lernkrimi Englisch Aufbauwortschatz
- Compact Lernkrimi Französisch Grammatik
- Compact Lernkrimi Französisch Grundwortschatz
- Compact Lernkrimi Italienisch Grammatik
- Compact Lernkrimi Italienisch Grundwortschatz
- Compact Lernkrimi Spanisch Grammatik
- Compact Lernkrimi Spanisch Grundwortschatz

**In der Reihe Lernthriller sind erschienen:**

- Compact Lernthriller Englisch Grammatik
- Compact Lernthriller Englisch Konversation
- Compact Lernthriller Englisch Grundwortschatz
- Compact Lernthriller Englisch Aufbauwortschatz

**In der Reihe Lernstory Mystery sind erschienen:**

- Compact Lernstory Mystery Englisch Grundwortschatz
- Compact Lernstory Mystery Englisch Aufbauwortschatz

**Weitere Titel sind in Vorbereitung.**


Chefredaktion: Evelyn Boos
Redaktion: Sabine Framing
Fachredaktion und Organisation: mazzetti & mazzetti GmbH
Produktion: Wolfram Friedrich
Titelillustration: Karl Knospe
Typografischer Entwurf: Maria Seidel
Umschlaggestaltung: Carsten Abelbeck

ISBN 3-8174-7414-8
7274143

Besuchen Sie uns im Internet: www.compactverlag.de

# Vorwort

Mit dem neuen, spannenden Compact Lernkrimi können Sie Ihre Spanischkenntnisse auf schnelle und einfache Weise vertiefen, auffrischen und überprüfen.

Kommissar José García erleichtert das Sprachtraining mit Action und Humor. Er und seine mysteriösen Kriminalfälle stehen im Mittelpunkt einer zusammenhängenden Story.

Der Krimi wird auf jeder Seite durch abwechslungsreiche und kurzweilige Übungen ergänzt, die das Lernen unterhaltsam und spannend machen.

Prüfen Sie Ihr Spanisch in Lückentexten, Zuordnungs- und Übersetzungsaufgaben, in Buchstabenspielen und Kreuzworträtseln!

Ob im Bus oder in der Bahn, im Wartezimmer, zu Hause oder in der Mittagspause – das Sprachtraining im handlichen Format bietet die ideale Trainingsmöglichkeit für zwischendurch.

Schreiben Sie die Lösungen einfach ins Buch!

Die richtigen Antworten sind in einem eigenen Lösungsteil zusammengefasst.

Und nun kann die Spannung beginnen …

Viel Spaß und Erfolg!

# Inhalt



# Story

Kommissar García ist der beste Mann der Kriminalpolizei von Barcelona. In dieser Metropole der Kunst ist es seine Aufgabe, gestohlene Unikate wiederzufinden, dunkle Machenschaften zu ergründen und zwielichtige Gestalten dingfest zu machen.
Als er bei der Jagd nach einem gestohlenen Picasso verletzt wird, schickt der Polizeichef García und dessen deutsche Kollegin Bea in das spanische Hinterland – in den Urlaub.
Eigentlich sollen es zwei erholsame Wochen werden, doch kaum sind die beiden angekommen, machen García und Bea unliebsame Bekanntschaft mit dem „Schwarzen Reiter". Schon seit Jahrhunderten wacht diese geheimnisvolle, maskierte Gestalt über die Provinz.
Doch jetzt scheint er sich auf die Seite des Bösen geschlagen zu haben. García und Bea nehmen die Herausforderung des Unbekannten an. Der Preis ist ein rätselhafter, unschätzbar wertvoller Kirchenschatz. Doch Kommissar García hat einen furchtbaren Verdacht …

# La huella del caballero negro

El comisario José García se paró y respiró el caliente aire primaveral. En esa época, antes del calor del verano, Barcelona estaba preciosa. Y tranquila. Era casi como el último momento de paz antes de llenarse de turistas por todos lados.
Casi con respeto miraba el comisario la fachada de la catedral de Santa Eulalia. Como barcelonés ya la había visto cientos de veces. Pero cada vez le impresionaba nuevamente su orgullosa belleza. Las tres torres de la iglesia se elevaban hacia el cielo azul intenso. Sólo se veía una pequeña nube blanca. ¡Era un día perfecto!



*Übung 1: Übersetzen Sie und enträtseln Sie das Lösungswort!*

1. Hitze
2. Luft
3. Dom
4. Turm
5. Himmel
6. Wolke

Lösungswort:

Bueno, casi perfecto. Era día de trabajo. Se oyó una voz que le recordó este hecho al comisario:
-Comisario, ya llegamos tarde. Hemos quedado a las 10 en la Plaça Portal de la Pau. Beate Schramm miró impaciente su reloj-. ¡Ya son las diez menos diez!

ÜBUNG 2 !

*Übung 2: Unterstreichen Sie die Adjektive (9) im Text und übersetzen Sie sie!*

El comisario suspiró profundamente. La colega extranjera lo acompañaba dentro de un programa internacional de cooperación. Era una guapa y joven policía de Hamburgo.
José García recordó con horror los meses que él mismo había estado en Hamburgo hacía unos años.
Bonita ciudad. Pero ese clima ... José se preguntaba entonces cómo podía soportar la gente de allí esa constante lluvia. Quizás era por eso que a veces estaban algo intranquilos.
En España todo es un poco diferente, quería decir José a su acompañante. Pero cuando vio la mirada desaprobatoria de Beate se lo pensó dos veces.
La verdad es que le caía bien Beate, o "Bea", como él prefería llamarla; pero trabajando no entendía bromas.
-¡Oye, Bea! -dijo el comisario indicando la fachada-. ¡Venga, tómate un momento y admira esta obra de arte! ¡Esta catedral tiene casi mil años! ¿No crees que merece ser admirada al menos durante unos segundos?

ÜBUNG 3 !

*Übung 3: Welches Wort bedeutet das Gegenteil? Setzen Sie die richtige Nummer in das Kästchen!*

| | | |
|---|---|---|
| 1. pararse | ☐ | intranquilo |
| 2. precioso | ☐ | guerra |
| 3. tranquilo | ☐ | tierra |
| 4. paz | ☐ | descansar |
| 5. cielo | ☐ | temprano |
| 6. trabajar | ☐ | igual |
| 7. tarde | ☐ | moverse |
| 8. diferente | ☐ | feo |

Bea suspiró -¿No podemos hacerlo después del trabajo? ¡Después de todo estamos trabajando en un caso!
El comisario José García asintió con la cabeza.
Efectivamente estaban de servicio. José era comisario de una sección especial de la policía barcelonesa.
Esta sección investigaba sólo delitos con obras de arte. Barcelona es una de las capitales artísticas europeas. Por eso en ella no sólo se comercia con arte, sino también se roba.
Y eso exactamente era lo que había pasado.

*Übung 4: Verbinden Sie Wort und Definition! Setzen Sie die richtige Nummer ein!*

ÜBUNG 4!

| | | |
|---|---|---|
| 1. respirar | ☐ | persona que ha quitado algo |
| 2. marchante | ☐ | normalmente está en la calle y la gente vende y compra diferentes cosas y productos |
| 3. broma | ☐ | estar trabajando. Se dice de policías, médicos, etc. |
| 4. noticia | ☐ | normalmente es de madera y está alrededor de un cuadro |
| 5. robar | ☐ | tomar aire por la nariz |
| 6. iglesia | ☐ | información sobre algo que ha pasado |
| 7. ladrón | ☐ | vendedor de obras de arte |
| 8. marco | ☐ | algo que no es serio |
| 9. multitud | ☐ | templo religioso cristiano |
| 10. mercadillo | ☐ | cuando hay muchas personas juntas |
| 11. de servicio | ☐ | quitar algo a alguien |

Hacía dos semanas había hecho noticia un espectacular robo en el Museo Picasso.
A pleno día, un desconocido había cortado de su marco una obra de juventud de Picasso expuesta en su museo.

Luego había salido corriendo del edificio y, finalmente, había desaparecido entre la multitud de un mercadillo.
Todo había pasado tan rápido que los guardias del museo no pudieron hacer nada.
No había ni rastro del ladrón. Pero afortunadamente no le sería tan fácil vender un Picasso robado.
Cualquier marchante conocía la noticia del robo y ninguno querría entrar en contacto con un ladrón de cuadros.
Al menos ninguno honrado.
Así es que desde hacía dos semanas el comisario José García se hacía pasar por marchante y preguntaba en el mundo de los bajos fondos por Picassos.

ÜBUNG 5 !

*Übung 5: Welches Wort ist das „schwarze Schaf“? Unterstreichen Sie!*

1. ayer, hoy, delante, mañana, anoche
2. primero, segundo, tercero, cuatro, quinto
3. antes, detrás, enfrente, al lado, cerca
4. dos, cuarto, trece, quince, cincuenta
5. caliente, frío, fresco, caldo, húmedo
6. silencio, tranquilidad, calma, ruido, paz
7. iglesia, banco, escuela, autobús, hospital
8. acera, calzada, paso de cebra, pasillo, túnel
9. jersey, falda, bolígrafo, pantalón, corbata

Poco más de una semana después recibió una llamada telefónica. La voz al otro lado de la línea decía haber obtenido "por afortunadas circunstancias" un Picasso temprano.
Era el ladrón, sin duda.

El comisario García mostró interés y había fijado una cita con el desconocido.
Habían quedado en encontrarse hoy a las 10 de la mañana en la famosa Plaça Portal de la Pau al final de las Rambles y así cerrar el negocio.
El ladrón se iba a llevar una buena sorpresa.
-¿Podemos seguir ya? -preguntó Bea, mirando impacientemente a su reloj.
-Aunque mires tu reloj constantemente el tiempo no va a pasar más despacio -respondió el comisario.
Pero después aceptó y suspirando dejó de contemplar la catedral. De mal humor siguió a su joven ayudante en dirección a la Plaça Sant Jaume.

*Übung 6: Ordnen Sie die Buchstaben zu einem sinnvollen Wort!*

ÜBUNG 6 !

En su camino cruzaron ambos un (1. peutne) ______________ entre la Casa dels Canonges y el Palau de la Generalitat. El comisario pasó con cariño la mano por el pasamanos del puente.
Bea notó el gesto y suspiró. Sabía lo que iba a pasar ahora: una nueva conferencia de arte.
-Un bonito puente, ¿verdad? -preguntó el comisario.
Bea movió afirmativamente la cabeza con el pensamiento en otra parte.
-Gótico, ¿no? -respondió ella.
El comisario sonrió. Esa era justo la (2. bapalra) ______________ que estaba esperando.
-¡Muy bien, chica!- dijo él-.¡Pero al mismo tiempo no es correcto del todo!
-¿Y ahora qué pasa! -se preguntó Bea un poco de mal (3. muroh)

__________. Miró de nuevo su reloj: las diez en punto.

-La verdad es que este puente es de (4. tesoli) __________ gótico- respondió José García-, ¡pero se construyó en 1928!

-¡Vaya, qué interesante! -dijo en voz baja Bea arrogantemente-. ¡Pero de verdad que tenemos que darnos (5. sipra) __________!

-Debería tomarse más tiempo para el arte -le criticó el comisario-. ¡Después de todo es nuestro trabajo!

-Nuestro trabajo es sobre todo capturar (6. dralesno) __________, comisario.

Esta vez era Bea la que criticaba a su superior. -¡Y no me gustaría tener que aclarar a nuestro (7. feje) __________ que un ladrón de Picassos se nos ha escapado de las (8. namos) __________ porque estábamos haciendo una (9. sivita) __________ turística en lugar de capturarlo!

ÜBUNG 7

## *Übung 7: Unterstreichen Sie das passende Wort!*

José García suspiró algo (1.) triste/alegre. Esta gente joven de ahora no tenía sensibilidad, pensó. Y eso que Bea tenía sólo algunos años menos que él mismo.

Ya en la plaza, el comisario se fue al borde de la (2.) acera/calzada y levantó el (3.) pie/brazo para parar un taxi. Enseguida uno paró a su lado. Cortésmente, José abrió la puerta trasera a su ayudante. Después (4.) bajó/subió él mismo.

-¿Adónde vamos? -preguntó el taxista.

-Llévenos al Museu de Cera -(5.) preguntó/respondió el comisario.

El taxista pensó unos segundos. -Ah -dijo después- en la Rambla Santa Mónica-. El taxista pensó que eran turistas por Beate.

-Pues mire por donde ... Yo estuve justo hace una semana por primera vez con mi familia. Tienen unas figuras realmente impresionant ...

Un sonido de (6.) impaciencia/paciencia del asiento de atrás interrumpió al taxista.
-Lo mejor es que salga ya -dijo en voz baja el comisario García guiñando un ojo.
-O mi compañera le detendrá por obstaculizar la investigación-. El taxista sonrió secamente y movió (7.) la mano/la cabeza varias veces.
-Demasiado estrés no es saludable. Deberían disfrutar de este día tan bonito.
-¿A quién le dice eso? -respondió el comisario al (8.) parar/arrancar el taxi.
Afortunadamente no había mucho (9.) tráfico/smog y el taxi avanzaba rápidamente. Cinco minutos más tarde llegaban José y Bea al Museu de Cera, casi al final de las Rambles, el famoso paseo barcelonés.
El comisario García (10.) entró/saltó del coche y abrió la puerta a su ayudante.

-Muchas gracias -agradeció Bea-, pero eso podría haberlo hecho yo sola.
Parece que no estaba acostumbrada a tanta cortesía de sus compañeros de Hamburgo, pensó José.
Bea bajó algo irritada por el retraso, mientras que el comisario se bajó hacia la ventana del conductor.

*Übung 8: Bilden Sie den Plural dieser Wörter!*

1. ladrón ..........
2. jefe ..........
3. joven ..........
4. par ..........
5. taxi ..........
6. catedral ..........

7. vez ____________
8. reloj ____________
9. dirección ____________
10. lápiz ____________

-¿Cuánto le debo? -preguntó al conductor.
El taxista miró el taxímetro.
-8 euros con 50 céntimos. El comisario sacó un billete de 10 euros de su cartera y se lo dio al taxista.
-Aquí tiene. Quédese con la vuelta.
-¡Oh, gracias! -sonrió el hombre-. Muy amables. ¡Y que se diviertan en el museo!
-No estaría mal -murmuró el comisario.
Pero el taxi ya se había ido.
José García miró a su alrededor para controlar el panorama que se ofrecía: todavía era temprano per la mañana pero ya había mucho movimiento en la calle.
Los habitantes de la parte antigua de la ciudad utilizaban el frescor de la mañana para hacer sus recados, ir a comprar o mirar escaparates.
José había perdido de vista a su joven ayudante durante unos segundos.

ÜBUNG 9 !

*Übung 9: Verbinden Sie die Wörter mit der passenden Erklärung!*

| | | |
|---|---|---|
| 1. delito | a) ☐ | Hacer una señal cerrando un ojo. |
| 2. perseguir | b) ☐ | Acción que está fuera de la ley. |
| 3. huella | c) ☐ | Se usa para sujetar las manos de criminales. |
| 4. guiñar | d) ☐ | Luchar contra algún acto fuera de la ley. |
| 5. esposas | e) ☐ | Persona que está en poder de criminales. |
| 6. placa | f) ☐ | Identificación metálica que usa la policía. |
| 7. rehén | g) ☐ | Señal que queda de una acción. |

Ahora la volvía a ver. Deprisa, se dirigía a la cafetería en la que habían quedado con el ladrón desconocido.
Al fondo de la Rambla se veía el mar brillante y azul. Con pasos rápidos y seguros Bea se dirigía a una de las mesas que estaban al sol. José García suspiró de nuevo y siguió a Bea.

*Übung 10: Finden Sie das Gegenteil für die Wörter in Klammern!*



Cuando llegó a donde estaba su compañera, ésta estaba ya (1. de pie) ____________ en una de las mesas redondas. Se había puesto sus gafas de sol para parecer un cliente más de la terraza del bar.
El comisario se (2. levantó)____________ a su lado y se puso también las gafas de sol.
Movió las gafas hacia la punta de la nariz e hizo señales a uno de los camareros.
No había ninguna razón para no hacer más (3. desagradable) ____________ la espera con un cafetito.
-¡Camarero!
Un camarero con un delantal (4. negro) ____________ se acercó rápidamente.
-¿Qué desean, señores?
-Tu quieres un café, ¿no, Bea? -(5. contestó) ____________ García a Bea que asintió no muy convencida-. Traíganos dos cafés y una tapa de croquetas con un agua mineral. ¡No he (6. cenado) ____________!
-Lo siento, pero no servimos tapas en la terraza, sólo raciones.
-Bueno. Entonces, los dos cafés -respondió el comisario José García.

-Comisario, no estamos aquí para (7. trabajar) __________ -dijo Bea y miró a José García por encima de las gafas.

José García (8. lloró) __________ lentamente. -Lo sé, Bea. Pero sería un poco (9. normal) __________ estar sentados aquí sin tomar (10. algo) __________, ¿no? Sólo lo hago para parecer unos clientes más.

Bea suspiró y se (11. bajó) __________ las gafas de sol. Luego, observó un poco más a los otros (12. camareros) __________. Uno de ellos era muy probablemente el ladrón de cuadros.

-Bueno -preguntó el comisario tras haber servido el camarero-, ¿sabes ya quién es nuestro hombre?

Bea miró otra vez a todos. A esa hora no había mucha gente en la cafetería. En la terraza estaban ocupadas sólo un par de mesas. En la de al lado había una pareja de turistas pálidos mirando una guía turística. Esos no podían ser los ladrones, seguro.

ÜBUNG 11 !

*Übung 11: Setzen Sie die fehlenden Akzente ein!*

1. taximetro
2. todavia
3. sonrio (Indef. 3. Pers. Sing.)
4. esta (Präs. 3. Pers. Sing.)
5. cafeteria
6. rapidamente
7. centimo
8. ¿Cuanto?
9. cortesia
10. despues
11. Garcia
12. Ramirez
13. Jose

Una silla más allá estaba un hombre de negocios con traje. Bebía lentamente con sus dedos extendidos su café solo e intentaba no

mancharse el caro traje que llevaba. Al mismo tiempo estaba leyendo la sección de la Bolsa del periódico.
Enfrente, a un lado, había un joven algo descuidado en el vestir y con una gran barba. En el asiento vacío a su lado tenía un pequeño caballete y un par de cosas para dibujar. Tal vez sería uno de los muchos artistas callejeros que hacían caricaturas por unos euros en la plaza.
La última persona en la terraza del café era un hombre de edad media con gafas oscuras. Llevaba el pelo muy largo y la camisa abierta.
A Bea le recordaba a un cantante de su país, pero no se acordaba del nombre. Al notar que Bea le miraba, la sonrió con unos dientes postizos blanquísimos. Bea miró deprisa a otro lado y bajó los ojos hacia el café.
El comisario García sonrió satisfecho.
-Bueno, Bea, -dijo al fin-. ¿Quién crees que es nuestro amigo?
Bea levantó los hombros. -¡Ni idea, comisario! ¿Cómo lo voy a saber? ¿Tal vez ese tipo con el pelo sucio y largo?
El comisario negó con la cabeza. -No lo creo. Según me parece a mí, aquí sólo hay uno que no es lo que parece ser.
Bea miró con curiosidad al comisario.
-¿Sí? ¿De quién habla, comisario?

*Übung 12: Verwandeln Sie das Adjektiv in ein Adverb!*

ÜBUNG 12 !

1. bueno ..................
2. tranquilo ..................
3. malo ..................
4. nuevo ..................
5. impaciente ..................
6. sólo ..................
7. constante ..................
8. raro ..................

José García se tomó algún tiempo para contestar. Tranquilamente tomó un sorbo de café. Luego echó una mirada más a todos los clientes de la terraza.

-Los turistas no son, desde luego. Su admirador del pelo largo va vestido demasiado llamativamente. Supongo que nuestro hombre desea pasar inadvertido si es que quiere vendernos un cuadro robado.
Bea dirigió la cabeza imperceptiblemente hacia el artista callejero.
-¿Y ese? -dijo.
José negó otra vez con la cabeza.

ÜBUNG 13 !

*Übung 13: Verbinden Sie das Adjektiv mit der entsprechenden Erklärung!*

| | | |
|---|---|---|
| 1. impaciente | a) ☐ | Algo que nos hace mirar por lo raro, bonito, feo que es. |
| 2. convencido | b) ☐ | Cuando creemos que lo que pensamos es lo correcto. |
| 3. postizo | c) ☐ | Que no puede esperar. |
| 4. llamativo | d) ☐ | Algo que no es natural o propio, sino artificial. |

-Creo que un artista, incluso uno callejero, tiene suficiente respeto hacia el gran Picasso como para no cortar una de sus obras de su marco. No, Bea, yo apuesto por ese aparente hombre de negocios.
La joven policía frunció la frente.
-¿De verdad? ¿Ese? ¿Y por qué?

ÜBUNG 14 !

*Übung 14: Unterstreichen Sie alle Präpositionen mit lokaler Bedeutung (9) in diesem Absatz!*

El comisario tomó un nuevo sorbo de café.
-Sí, parece un hombre de negocios que lee la sección de la Bolsa.
Bea no comprendía nada.
-No lo entiendo. No hay nada raro en él -dijo la chica.

José afirmó con la cabeza lentamente.
Sí, pero piensa un momento, Bea, ... son las diez y media de la mañana. ¿No debería estar en su oficina comprando y vendiendo acciones, negociando contratos o lo que sea? Mira a tu alrededor. ¿Ves algún hombre con traje?
Aunque el comisario no esperaba respuesta a su pregunta, Bea miró a su alrededor.
José tenía razón. Era horario de trabajo. Los transeúntes que paseaban tranquilamente por la calle parecían más bien turistas, amas de casa o jubilados. No se veía un sólo hombre de negocios en traje. Y nadie llevaría una chaqueta sin tener que llevarla con esta temperatura.
-Tienes razón -dijo Bea afirmando con la cabeza-. No había pensado en eso.
El comisario sonrió y balanceó la cabeza de izquierda a derecha lentamente.
-Bueno, es sólo una sospecha. Si el ladrón hace lo acordado, vendrá dentro de poco a nosotros -dijo José.
El comisario metió la mano en su bolsillo y sacó un pequeño libro. Con lentitud pasó su dedo por la portada donde brillaba al sol el título con letras de oro y lo puso en la mesa.
Era una miniatura de "El Quijote" de Miguel de Cervantes. Luego, José se echó para atrás en su silla, a la espera.

*Übung 15: Unterstreichen Sie die Synonyme für diese Wörter im Text!*
***(supuesto, colocar, alzarse, aproximarse, portar, comenzar, ligera, contestar)***

Con un nombre falso, el comisario había quedado con el ladrón en verse allí. Acordó con el desconocido una señal para reconocerse. José García, como supuesto cliente, tenía que poner un ejemplar del "Don Quijote" sobre la mesa.

Apenas unos segundos después, el hombre del traje se levantó y se acercó como sin querer a la mesa de Bea y José. En la mano llevaba un gran maletín.

-¡Vaya! ¡Veo que está leyendo a Cervantes! -dijo el extraño en un tono como para empezar una conversación superficial.

-¡Efectivamente! -respondió el comisario con una sonrisa afirmando con moviendo la cabeza-. La parte que más me gusta es en la que Don Quijote ataca a los molinos de viento. Me recuerda a mi trabajo.

ÜBUNG 16

*Übung 16: Ordnen Sie im nächsten Absatz die Buchstaben zu einem sinnvollen Wort!*

Bea tuvo que morderse los labios para no sonreír. El trabajo de policía se parecía realmente a la lucha imposible del (1. ballecaro) ________ contra los molinos. Había que ser un Quijote, un idealista, para no dejar este trabajo.

-¿Ah, sí? ¿Y a qué se dedica usted? -preguntó el hombre sin mostrar excesivo interés.

El comisario, con un gesto, le invitó a (2. setensar) ________ con ellos y dijo:

-¡Pero siéntese, por favor! Soy coleccionista.

-¡Uhm! ¡Qué interesante! -respondió el hombre, sentándose. No dejaba de mirar su (3. tamelín) ________ . -¿Y qué colecciona?, si me permite la pregunta.

-Ladrones -pensó el comisario. Pero respondió sonriendo: -Arte. Soy coleccionista de arte. Mi especialidad es Picasso ...

El comisario se quitó las (4. fasga) ________ y miró al hombre directamente a los ojos.

Éste dudó un segundo y luego se quitó tambien las gafas oscuras.
-¡Bien! ¡Al grano! -¡dijo entre dientes el extraño y puso su maletín sobre la (5. sema) ______ . -Aquí está la mercancía.
El hombre miró a izquierda y derecha y, acto seguido, abrió un poco el maletín.
José García sólo pudo ver durante unos segundos el (6. duacro) ______ en el interior. Era una mujer con una guitarra y parecía como vista desde dos diferentes perspectivas al mismo tiempo.
-No hay duda -pensó José-. Es auténtico-. Era el mismo cuadro que hacía poco habían robado del (7. sumoe) ______ . ¡Ante ellos estaba sentado el ladrón en persona e intentaba venderles el cuadro!
Ahora, ¡se iba a llevar una buena (8. prorsesa) ______ !
-¿Y qué le parece? -preguntó el extraño a la vez que cerraba de nuevo el maletín.

*Übung 17: Suchen Sie eine idiomatische Redewendung in diesem Absatz! Können Sie ihre Bedeutung vom Kontext ableiten?*

ÜBUNG 17 !

-¡Estoy impresionado! -dijo el comisario afirmando con un movimiento lento de la cabeza.
Era verdad que estaba impresionado, pero más porque tipos como éste fueran tan caraduras de vender obras robadas a plena luz del día sin ningún problema.
-Como acordamos por teléfono, su precio es de 20.000 euros -dijo el hombre.
El comisario afirmó con un gesto. -Es cierto, así quedamos por teléfono. Pero ¿no podemos hablar otra vez del precio?
El hombre del traje negó enérgicamente con la cabeza. -¡En absoluto. ¡20.000 euros o me llevo el cuadro! ¡Hay más interesados, créame!

-Veo que es difícil hacer negocios con usted. Bien, mi ... estooo ... secretaria le dará un cheque.

ÜBUNG 18 !

*Übung 18: Welches Wort passt jeweils in die Lücke?*
***(la cara, la lengua, boca, dentadura, de las narices, un rato, esposas, libreta)***

-Un cheque al portador, si no le importa -respondió el hombre.

-¡Claro que sí! Afirmó con la cabeza García mordiéndose 1. __________. Bea le dio un golpe en el tobillo. No le había gustado eso de ser "secretaria". Sin embargo actuó como tal. Por lo menos durante 2. __________.

-¡Por supuesto! -sonrió Bea y mostró su perfecta 3. __________ blanca-. Un momentito, por favor.

La chica metió la mano en su bolso como para buscar su 4. __________ de cheques. Pero lo que sacó un segundo después fue algo muy diferente: una placa de policía.

-¡Está usted detenido, señor! -dijo Bea tranquilamente y le puso su identificación al ladrón delante 5. __________.

-¡Se le acusa de robo y tráfico de obras robadas!

Satisfecho, el comisario García observaba los cambios de color en 6. __________ del hombre. Éste no decía nada. Sólo miraba con la 7. __________ abierta sin poder creer lo que pasaba. José iba a levantarse para ponerle las 8. __________ cuando éste de repente saltó de su silla y de un fuerte golpe tiró la mesa sobre Bea y José. Antes de poder hacer nada, el ladrón ya había agarrado su maletín y empezado a correr.

Los clientes sorprendidos de la terraza de la cafetería se quedaron boquiabiertos.
-¿Qué pasa aquí? -gritó el camarero que salía en ese instante del local.
-¡Eh! ¡Oiga! ¡Que no ha pagado todavía su café! ¡Oiga! ¡No se vaya!
El comisario García y Bea ya se habían levantado del suelo. Moviendo la cabeza, José maldecía las manchas de café en su camisa que ahora parecía ella misma un cuadro abstracto.

*Übung 19: Welches Wort passt zu der Erklärung?*
***(cita, recado, billete, sorbo, marco, casos, caballete)***

ÜBUNG 19 !

1. Cuando quedamos con alguien tenemos una ________.
2. Un ________ es de papel y es dinero. A veces es un trozo de papel que sirve para viajar en tren, en avión, etc.
3. Los policías, los médicos o los abogados tienen ________.
4. Un ________ es si tenemos que decir algo a alguien de otra persona o tenemos que hacer algo para alguien.
5. Tomamos un ________ de algo cuando bebemos un poco de una bebida.
6. Los pintores necesitan un ________ para su trabajo. En él ponen el lienzo para pintar.
7. Cuando un cuadro está terminado se le pone un ________ en el borde.

Le puso en la mano un billete de 10 euros al sorprendido camarero y siguió corriendo tras Bea que ya iba detrás del ladrón.
-¡Quédese con la vuelta! -gritó José y, acto seguido, dobló la esquina por donde habían desaparecido el ladrón y Bea.

-¡Y el día había empezado tan tranquilo ...! -resopló el comisario García al ver a Bea con sus largas piernas corriendo tras el ladrón.
-¡Alto! ¡Deténgase! -gritaba Bea, pero sólo se paraban los transeúntes y la miraban sorprendidos.

ÜBUNG 20

*Übung 20: Verbinden Sie Redewendung und Übersetzung!*

| | |
|---|---|
| 1. "por todos lados" | ☐ Was für ein Zufall! |
| 2. "no entender bromas" | ☐ am helllichten Tage |
| 3. "merece la pena" | ☐ Stimmt so! (beim Zahlen) |
| 4. "a pleno día" | ☐ Viel Spaß! |
| 5. "llevarse una (buena) sorpresa" | ☐ es lohnt sich |
| 6. ¡Mira por dónde ...! | ☐ überall |
| 7. ¡Que se diviertan! | ☐ keinen Spaß verstehen |
| 8. ¡Quédese con la vuelta! | ☐ eine (große) Überraschung erleben |

El ladrón le llevaba una ventaja de unos diez o quince metros. No era mucho, pero iban hacia el Barrio Gótico, la parte antigua de la ciudad, con sus calles estrechas y retorcidas.
Si el ladrón era listo, y lo parecía, podría desaparecer fácilmente en una de las estrechas calles.

ÜBUNG 21

*Übung 21: Finden Sie Gegensatzpaare!*

| | |
|---|---|
| 1. precioso | ☐ rápido |
| 2. mal | ☐ dejar libre |
| 3. despacio | ☐ feo |
| 4. trasera | ☐ alegre |
| 5. triste | ☐ aburrido |
| 6. sentado | ☐ delantera |

7. capturar ☐ antiguo/viejo
8. interesante ☐ bien
9. temprano ☐ de pie
10. moderno ☐ caro
11. barato ☐ tarde

Además había bastante gente a esa hora. Los primeros turistas del año se mezclaban con los habitantes de la parte antigua que hacían sus compras diarias.
El mercado de San José o “la Boquería”, como lo conocen todos los barceloneses, ya no estaba lejos.
El comisario García empezó a temer lo peor. El ladrón corría muy rápido.
-¡No lo pierdas de vista, Bea! -gritó el comisario.
-¿Qué cree que hago?! -le respondió Bea.
José notaba cómo su corazón empezaba a latir cada vez más rápidamente. La respiración era también cada vez más rápida y frenética.
Trabajar en la policía exigía mantenerse en forma, pero José no había sido muy disciplinado los últimos meses. Además la maravillosa comida catalana hacía más difícil no ganar unos kilos de más.
De cualquier modo, la distancia entre él y Bea se hacía cada vez más grande.
-¡Coja a ese maldito! -le gritó una vez más José antes de desaparecer tras una esquina. Entonces se paró casi sin poder respirar.

*Übung 22: Hier geht es um Bewegung. Verbinden Sie das Wort mit seiner jeweiligen Übersetzung!*

ÜBUNG 22 !

1. correr ☐ springen
2. saltar ☐ fliegen
3. pasear ☐ laufen
4. andar ☐ wandern

| | |
|---|---|
| 5. arrastrarse | ☐ schwimmen |
| 6. hacer trekking/marchar | ☐ kriechen |
| 7. volar | ☐ spazieren gehen |
| 8. nadar | ☐ zu Fuß gehen |

-¿Necesita ayuda? -le preguntó una señora que pasaba por allí. -¿Llamo a la policía?

José García bajó la cabeza y negó con un movimiento.

-¡No gracias. Yo soy la policía! -dijo irónicamente el comisario.

Luego se apoyó brevemente en una pared y siguió respirando con dificultad.

Siguió despacio y no mucho después volvió a ver a Bea.

La joven estaba en medio de una estrecha calle y buscaba desesperada a su alrededor: ¡Lo había perdido!

-¡Lo siento! -dijo al ver al comisario. -Ha desaparecido. Estas calles son tan retorcidas. Le he perdido de vista y me he perdido yo misma.

José le dio unos golpecitos en la espalda para animarla.

-¡No te preocupes, Bea! No es la primera vez que alguien se ha perdido en las calles del Barrio Gótico. Para ser exactos, los cascos antiguos se construían así para que los atacantes perdieran la orientación y ...

ÜBUNG 23 !

*Übung 23: Ergänzen Sie die passende Übersetzung in diesem Text über Barcelona!*

Barcelona es una gran ciudad con muchos atractivos para el turista. Es la (1. Hauptstadt) __________ de la Comunidad Autónoma de Cataluña.

Es famosa por su gran numero (2. Plätze) __________, como la bonita Plaça Reial o la de Catalunya, monumentos, como la (3. Kirche) __________ de la Sagrada Familia, de Gaudí, y la de Santa Eulalia, que es la catedral, por los (4. Gebäude) __________

modernistas, como la Casa Batlló, por su (5. Stadtkern) ______________ antiguo o Barrio Gótico, por sus grandes avenidas y, naturalmente, por las Ramblas o Rambles, en catalán, un precioso paseo con muchos (6. Verkaufsständen) ______________, locales de moda, tiendas exquisitas y buenos restaurantes, que nos lleva justo hasta el monumento a Colón, al (7. Hafen) ______________ y al mar.
Sí, el mar.
La proximidad del mar significa que podemos disfrutar de la (8. Strand) ______________, como la de la Barceloneta, en la misma ciudad, no muy lejos del puerto.
También tenemos muchos (9. Schlösser) ______________ y museos, prueba de los muchos artistas y grandes industriales y mecenas que vivieron y viven aquí: Picasso, Gaudí, Juan Gris, Joan Miró, etc.
Otras atracciones de Barcelona son su parque de atracciones en el (10. Berg) ______________ Tibidabo, sus parques y jardines, como el Parc Güell, creado por el famoso arquitecto Gaudí, o el Parc de la Ciutadella o el Parque Olímpico en el monte de Montjuic.
Para los amantes de la comida no hay que olvidar una visita a sus numerosos (11. Markthallen) ______________, pero, sobre todo, a uno: el de la Boquería, que es donde ya están Bea y José persiguiendo al ladrón ...

-¡Bonita disculpa! -murmuró Bea y miró a su alrededor. ¡El ladrón tenía que estar por allí escondido!
-Bea, ¿sabías -siguió José- que esta parte antigua era casi todo lo que había de Barcelona hasta el siglo XIX? Sólo entonces se expandió la ciudad fuera de los límites de esta zona.

Bea hizo un gesto con sus manos. -¡Por favor, comisario, otra conferencia de arte no! ¡Primero tenemos que encontrar a ese maldito ladrón!

-Tienes razón -contestó José, asintiendo con la cabeza. -Dejemos la visita turística para más tarde. Propongo buscar al ladrón en el mercado.

ÜBUNG 24 !

*Übung 24: Suchen Sie in diesem Abschnitt ein Sprichwort und übersetzen Sie es!*

-¿En el mercado? -repitió Bea-, ¿Por qué allí?

-Es que se ve clarísimo que el delincuente se ha metido allí. Mira.

El comisario señaló hacia el hombre que gritaba y maldecía en la entrada del mercado. Tenía un pequeño puesto de fruta y verdura. Todo estaba por los suelos.

-Supongo -dijo José-, que nuestro hombre habrá tirado el puesto al entrar al mercado. La prisa no es buena consejera, digo siempre.

Antes de terminar de hablar José, ya estaba Bea en camino. Entró deprisa en el mercado. El comisario la siguió moviendo la cabeza.

______________________________

ÜBUNG 25 !

*Übung 25: Übersetzen Sie!*

En la (1. Eingang) ______________ del mercado la alcanzó. Era un pabellón grande de cristal con muchas tiendas (2. unterschiedlich) ______________.

Había (3. viel) ______________ movimiento como cada mañana. Gran cantidad de vendedores ofrecían a gritos las excelencias de sus productos: fruta, verdura, pescado, carne, dulces, ... Había de todo.

El comisario García tuvo que (4. stehen bleiben) ______ y tomar un poco más de aire. El olor de las diferentes especias era intensísimo.

Las dos (5. große) ______ pasiones del comisario eran el arte y la cocina, aunque esto último no lo sabía casi nadie. Para muchos de sus compañeros, cocinar era cosa de (6. Frauen) ______ y no hubieran entendido esta pasión suya.

-¿Y ahora qué? -preguntó Bea un tanto frustrada-. En este lío de (7. Leute) ______ no lo encontraremos nunca.

-Bueno, yo no diría eso -contestó José-. Yo creo que ha dejado huellas por todos lados.

La chica siguió la mirada del comisario. En uno de los pasillos laterales estaba una mujer arrodillada y recogía maldiciendo algunas frutas del (8. Boden) ______. Unos pasos más allá, un hombre barría malhumorado parte de sus especias caídas por el suelo.

*Übung 26: Der Dieb hat alles in „La Boquería“ durcheinander gebracht. Bringen Sie die Lebensmittel wieder zum passenden Stand!*
***(patatas, naranjas, pepino, pimientos, pimienta, lechuga, calamares, melón, trucha, huevos, almejas, filete, manzanas, lomo, sandía, ternera, bacalao, tomillo, aceitunas, orégano, jamón serrano, chorizo, salchichón, salchichas, uvas, queso, jamón cocido, ajo, pulpo, salmón, pistachos, tomates, gambas, almendras, pollo, pavo, pepinillos en vinagre, peras, cerezas, cebollas, cerdo)***

1. frutería: ______

______

2. verdulería: ______

______

3. pescadería: ______

4. carnicería: ______

5. embutidos: ______

6. especias, conservas y frutos secos: ______

7. huevería y aves: ______

Ambos se abrieron paso con cuidado entre la multitud. Efectivamente, el ladrón había dejado más que suficientes huellas.
¡Allí estaba!
Se había escondido cerca de una salida de emergencia, detrás de unos contenedores de basura. Posiblemente pensaba que sus perseguidores ya se habían cansado de perseguirlo.
Pero no había contado con el olfato de José García.
El comisario avisó entre dientes a su ayudante y gritó -¡No se mueva! ¡Quieto! -gritó-. ¡Está detenido!
El ladrón abrió sorprendido los ojos, cogió su maletín, saltó sobre unas bolsas de basura y empezó a correr hacia la salida de emergencia.

ÜBUNG 27 !

*Übung 27: Die fünf Sinnesorgane!*
*Fügen Sie diese Wörter richtig ein!*
***(tacto, olfato, gusto, vista, oído)***

1. Con el ______ apreciamos el sabor de las cosas. Lo tenemos en la lengua.

2. Con el ______________ podemos tocar y apreciar la forma y la estructura de todo. Está sobre todo en las manos.
3. Con el ______________ apreciamos los olores. Está en la nariz.
4. Los ojos son los instrumentos de la ____________. Con ella vemos.
5. Para escuchar necesitamos el sentido del ______________.

-Si llevara arma, comisario, la gente le respetaría más -suspiró Bea.
José negó con la cabeza -¡Odio las armas, guapa! ¡Además este hombre tiene un rehén!
Bea y el comisario empezaron a correr.
-¿Un rehén? ¿De qué rehén habla? -preguntó la chica.
-¡Hombre! ¡Pues el Picasso! ¡Ese tío lo tiene todavía en su maletín! -contestó José.
Fuera se oyó el ruido de una sirena de policía.
El ladrón abrió la puerta de la salida de emergencia y salió a la calle.
El comisario García y Bea iban muy cerca de él. Después de unos minutos el comisario notó de nuevo cómo le corría el pulso y su respiración iba más rápida. Bea tenía buena condición física. Como una corredora de 100 metros lisos aceleró.
La distancia entre ella y el ladrón se redujo. José García hizo todo lo posible, pero no podía mantener ese ritmo. Resoplando tuvo que ver cómo Bea y el ladrón desparecieron otra vez tras una esquina.
Al alcanzar la esquina vio algo inesperado ...

*Übung 28: Übersetzen Sie die Wörter in Klammern!*

ÜBUNG 28 !

José (1. öffnete) ____________ los ojos. Bea había atrapado al ladrón, pero el tipo no se daba por vencido. La calle daba a una pequeña plaza con una vieja (2. Brunnen) ____________ en el medio. Una sirena de piedra nadaba sobre la fuente. Pero, esta vez, el comisario sólo miraba al ladrón, no al lugar. Bea estaba a pocos metros de él. El hombre la miraba fijamente. Él estaba de espaldas a la fuente y tenía un brazo (3. gestreckt) __________ hacia ella y en la mano (4. hielt er fest) __________ el maletín.

¡Y en el maletín estaba el cuadro!

-¡Déjenme ir! -dijo respirando por la boca-, ¡o lo tiro a la fuente! ¡No creo que le haga muy bien un baño!, ¿verdad?

-¡Vaya tipo! -pensó José encolerizado. Le habían acorralado y sería capaz de hacer todo por no ser (5. erwischt) __________.

Bea tampoco sabía qué hacer. No habría sido difícil inmovilizarle. El comisario sabía que Bea era buena en artes marciales. Pero por muy rápido que actuara no podría (6. vermeiden) __________ que el hombre tirara el cuadro al agua. Una cosa era cierto: el cuadro no soportaría el baño.

-¡Váyase! ¡Aléjese! -gritó el hombre-. ¡Me pueden (7. festnehmen) __________ pero entonces destruirán el cuadro para siempre! El comisario daba vueltas a todas las posibilidades. El ladrón sólo miraba a Bea y no había notado la (8. Ankunft) __________ de José.

-¡Esta podría ser mi oportunidad! -pensó García.

Un grupo de curiosos se había formado en torno a la fuente y seguía interesado la escena de película. Pero nadie se atrevía a hacer nada. Salvo el comisario García que sin llamar la atención rondó la fuente. Por suerte, ésta era pequeña y en unos segundos estuvo detrás del ladrón de cuadros.

García calculó sus posibilidades. El borde de la fuente tenía unos 40 centímetros de altura y el diámetro era de dos o dos metros y medio. ¡Tenía que hacerlo!

*Übung 29: Unterstreichen Sie die Synonyme für diese Wörter im Text!* ***(tirarse, agarrar, observar, sin éxito, herirse, poseer, teléfono celular)***

ÜBUNG 29 !

-¡Sólo lo repito una vez más! -amenazó el ladrón, nervioso.
Sin pensarlo un segundo más, el comisario se lanzó como un portero en un penalty hacia el maletín.
Lo cogió por muy poco y cayó al agua con él haciendo un ruido enorme.
En ese momento sintió dolor en su brazo izquierdo.
Sacó la cabeza del agua y vio su brazo derecho sujetando el maletín a escasos centímetros sobre el agua.
-¡El maletín! -dijo a Bea-. ¡Coge el maletín!
Bea lo tomó con una mano. Con la otra apretaba el cuello del ladrón al borde de la fuente. El hombre intentaba liberarse inútilmente de Bea.
-¡Lo tengo, no te preocupes! ¿Estás bien?
Con cuidado salió García de la fuente. El traje estaba para tirarlo y le dolía el brazo izquierdo.
-No del todo, me temo -respondió-. Creo que me he hecho daño en el brazo. Pero lo más importante es que tenemos el cuadro.
-¡Olvídese ahora de ese viejo cuadro! -respondió Bea algo preocupada.
Entonces le puso las esposas al ladrón y sacó su móvil del bolso. -¡Voy a llamar a un médico!

*Übung 30: Übersetzen Sie diese Körperteile ins Spanische!*

ÜBUNG 30 !

1. Auge ____________
2. Fußknöchel ____________
3. Herz ____________
4. Rücken ____________
5. Bein ____________

6. Hals

7. Mund

8. Zunge

Bea marcó el 061 para pedir una ambulancia. En pocas palabras dijo dónde estaban y lo que le había pasado a García.
-¡El médico viene enseguida! -dijo colgando el teléfono. Pero el comisario no la estaba escuchando. Con la mano sana abrió el maletín. ¡Estaba vacío!
El comisario notó que le entraban escalofríos. Se quedó mirando el maletín vacío. ¡El Picasso no estaba! La sorpresa era tan grande que García incluso se olvidó del dolor del brazo.
-¿Qué pasa comisario? -preguntó Bea. Había notado lo blanco que se había puesto su superior. -¿Todo bien?
-¡Qué va! -suspiró García y levantó el maletín vacío-. Mira tú misma ... ¡El maletín está vacío!
-¡Pero esto no puede ser! -susurró Bea. Entonces se dirigió al ladrón-. ¿Dónde has puesto el cuadro? ¡Maldito!
El ladrón sonrió simplemente. -Os lo diré ... si me dejáis marchar -dijo.

ÜBUNG 31 !

*Übung 31: Überprüfen Sie Ihren Wortschatz! Wie heißen diese Körperteile?*

1. Kopf
2. Fuß
3. Arm
4. Nase
5. Finger

6. Gesicht ______________

7. Haar ______________

8. Zahn ______________

-¡Más encima esto! -murmuró malhumorada la joven policía. El ladrón con esposas se echó para atrás por si acaso.

-¿Qué hacemos ahora, comisario? -preguntó Bea.

-Intentaremos encontrar el cuadro -respondió José.

En ese momento llegó la ambulancia. Detrás venía un coche de policía. Los curiosos se echaron para atrás para dejar pasar ambos coches.

-Primero tiene que dejar que le curen el brazo-, dijo Bea.

El comisario frunció la frente. -¿No se puede hacer luego? Creo que sé dónde puede haber ocultado ese criminal el cuadro.

Bea negó con la cabeza. En ese caso no aceptaba que le llevaran la contraria.

-Nada de eso, comisario. Una cosa después de la otra. ¡Su salud es lo primero!

Mientras Bea llevaba al ladrón al coche de policía, el comisario dejó que el enfermero le viera el brazo.

-¿Va a durar mucho? -preguntó impaciente-. El caso no está solucionado todavía, ¿sabe?

-Tranquilo -le respondió el enfermero. Entonces extendió el brazo del comisario.

-¡Ay! -gritó José-. ¡Ten cuidado!

El enfermero sonrió ligeramente. Estaba acostumbrado a que los pacientes se quejaran.

-Lo siento, señor, pero tengo que hacer esto para ver qué le pasa al brazo.

-¡Haga lo que quiera, pero dése prisa por favor! -dijo García, temiendo que alguien encontrara el cuadro por casualidad.

*Übung 32: Finden Sie zu den folgenden Wörtern die spanische Übersetzung!*

***(1. einen Verband anlegen 2. Bänderdehnung 3. Schmerz 4. rechtshändig 5. Krankenwagen 6. Ungeduld 7. Eile 8. Flügel verleihen 9. durchqueren 10. ausschalten 11. zeigen)***

El joven enfermero lo vendó y le puso un cabestrillo provisional.
-Tiene suerte, comisario, -dijo el chico-. Por lo que veo sólo tiene una luxación. La venda y la crema le ayudarán temporalmente contra el dolor pero tiene que ir a un médico lo antes posible. ¡Y no mover el brazo!
El comisario asintió impacientemente. Por suerte era diestro. No le sería muy difícil no usar el brazo izquierdo.
Cuando el sanitario terminó de vendarle el brazo, el comisario saltó del asiento de la ambulancia.
-¡Ven, Bea! -le dijo y se puso en marcha hacia el mercado.
La chica estaba sorprendida por la impaciencia del comisario. No le había visto antes con tanta prisa. La preocupación por el Picasso parecía darle alas a José.
Bea le siguió cruzando la plaza. El comisario casi no podía respirar otra vez, pero esta vez fue más despacio.
-Comisario -dijo Bea-. ¡Tenga cuidado con el brazo! ¡No lo fuerce!
Pero García ni se dio la vuelta.
Tras apenas dos minutos llegaron al mercado. La salida de emergencia por la que había salido el ladrón estaba aún abierta. Nadie había quitado la alarma, que sonaba todavía insistentemente.
Un guardia de seguridad no dejó pasar al comisario. -¡Por aquí no puede pasar, señor!- Pero el comisario le quitó de en medio con su brazo sano.
Bea sacó su identificación del bolso y se la mostró al guardia.

*Übung 33: Setzen Sie das gegenteilige Adjektiv ein!*
***(extranjera, redonda, leve, sucio, tonto, delgado, baja, verdadero, mayor, rápida, débil)***

1. Lo que dice Ana no es falso, sino ______________ .
2. Una rueda no es cuadrada, sino ______________ .
3. El contenedor de basura no está limpio, sino ______________ .
4. La herida del comisario no es grave, sino ______________ .
5. El ladrón piensa que es muy listo, pero en realidad es un poco ______________ .
6. Bea es alta, no es ______________ .
7. Bea no es de aquí, es ______________ .
8. Pedro no es gordo, es ______________ .
9. Ana no es lenta, es ______________ .
10. Laura no es fuerte, es ______________ .
11. Federico no es joven, es ______________ .

ÜBUNG 33 !

*Übung 34: Lesen Sie weiter und finden Sie ein sinnvolles Synonym zu den Wörtern in Klammern!*

-¡Está bien! -dijo éste y dejó pasar también a Bea-. ¿Les puedo ayudar en algo?

-No, gracias -respondió Bea-. Es muy amable de su parte pero ya nos arreglamos.

Al menos eso esperaba. No sabía qué (1. pretendía) ______________ el comisario.

-¡Ven, Bea! -la llamó el comisario, como (2. respondiendo)

ÜBUNG 34 !

__________ a sus pensamientos-. ¡Creo que ya sé dónde está el cuadro!

José (3. indicó) __________ hacia los contenedores de basura tras los cuales el ladrón se había (4. ocultado) __________ en su huida.

-Supongo que habrá guardado el cuadro aquí con la esperanza de (5. escapar) __________ de nosotros y volver luego a recogerlo.

García movió con dificultad los dos grandes contenedores.

Detrás no había nada.

-¡No puede ser! -gritó García. Su cara estaba todavía roja del esfuerzo. Pero se puso (6. blanco) __________ de la sorpresa.

-¡Estaba casi seguro de que el ladrón lo había dejado aquí! ¿Cómo he podido equivocarme?

## *Übung 35: Welche Präposition passt zum Verb?*

| | |
|---|---|
| 1. sich treffen mit | encontrarse __________ alguien |
| 2. darauf bestehen, dass | insistir __________ algo |
| 3. sich interessieren für | interesarse __________ algo/alguien |
| 4. sich erinnern an etwas | acordarse __________ algo |
| 5. jemanden an etwas erinnern | recordar algo __________ alguien |
| 6. reden über jemandem | hablar __________ alguien |
| 7. jemandem bei etwas helfen | ayudar __________ algo |
| 8. es kommt darauf an | depende __________ algo |
| 9. sich kümmern um | preocuparse __________ alguien/algo |
| 10. sich beklagen über | quejarse __________ algo |

| | |
|---|---|
| 11. denken an | pensar ________ algo/alguien |
| 12. fragen nach | preguntar ________ algo/alguien |
| 13. sich freuen auf/über | alegrarse ________/algo |
| 14. sich verlieben in | enamorarse ________ alguien |

Bea no sabía qué le hacía más daño a García: la pérdida del valioso cuadro o el hecho de haberse equivocado. No le conocía desde hacía mucho tiempo, pero no solía equivocarse.
Estaba pensando algo para darle ánimos cuando el comisario García se dio un golpe en la frente con la palma de la mano.
-¡Claro! ¡Y no ocurrírseme antes! ¡Mira, Bea! -dijo García frenéticamente.
-García movió uno de los contenedores de un lado para otro.
Bea levantó los hombros sin saber qué pensar. -¿Qué insinúa, José? No tenía ni idea qué pretendía el comisario.
-¡Pues mira! ¿No ves lo fácilmente que se mueven los contenedores? Eso quiere decir que están vacíos -aclaró García.
-Quiere decir que ...

*Übung 36: Übersetzen Sie die Wörter in Klammern!*

ÜBUNG 36 !

El comisario García (1. nickte zustimmend) ________ con la cabeza como con prisa. -¡Exactamente! Han vaciado los contenedores. El cuadro está posiblemente en el camión de la (2. Müll) ________ en estos momentos.
-¡Ya sólo faltaba esto! -dijo enfurecida Bea. Entonces (3. drehte sich um) ________ y le dijo al sorprendido guardia -Tiene que ayudarnos. ¿Adónde llevan la basura?

El guardia miró a la policía sin entender. -¡Pues al basurero!

Bea (4. verneinte) ______________. -¡Nooo! ¡Quiero decir que dónde para el camión de la basura?

-¡Aaahh! -respondió el guardia y señaló tras él-. Justo detrás de la puerta de emergencia. Viene un camión una vez al día. ¡No sabe la basura que (5. sich ansammelt) ______________ en un mercado!

-¡Me lo puedo imaginar muy bien! -dijo García ya alejándose en dirección al camión.

Bea lo siguió. -¡Espere, comisario!

García ya estaba en la calle. Corriendo, (6. warf einen Blick) ______________ a su alrededor.

En la esquina sonaba el característico ruido de un camión de la basura.

Los dos empezaron a correr más rápido.

¡Ahí estaba! En una (7. Straßenecke) ______________ se hallaba el camión basurero.

Un trabajador estaba en la plataforma trasera y decía al conductor: -¡Sigue! Parecía que seguían a la próxima parada.

-¡Alto! -gritó García y sacó su identificación de policía mientras corría. No le fue fácil hacerlo con sólo un brazo sano.

Pero los basureros no oyeron al comisario. El ruido del motor del camión y de la máquina era demasiado alto.

Bea movió la cabeza al ver cómo el comisario no conseguía llamarles la atención. El pobre no podía más después de tanto correr, aunque el camión no iba muy deprisa.

Menos mal que la joven era buena deportista. Corriendo adelantó a su superior. Al pasar a García le dijo -¡Ya lo hago yo!

*Übung 37: Wie heißt das Gegenteil der fett gedruckten Wörter?*

ÜBUNG 37 !

Agradecido, el comisario **se paró** (1. ______________).

Bea necesitó unos segundos para adelantar al camión. En la calle **estrecha** (2. ______________) no podía ir muy rápido. Con el pelo **suelto** (3. ______________) corrió paralelamente a los sorprendidos basureros que iban **detrás** (4. ______________) y en unos segundos llegó a la altura del conductor.

Éste, un hombre algo **gordo** (5. ______________) en un traje muy estrecho para él, se sorprendió bastante al ver a una **rubia** (6. ______________) que le seguía. La alegría le duró poco al ver cómo la chica **sacó** (7. ______________) su identificación de policía.

El camión **frenó** (8. ______________) en seco.

El conductor **abrió** (9. ______________) la puerta y sonrió a Bea algo inseguro.

-¿Iba demasiado rápido? -le preguntó.

-¡No, no es eso! -Resopló Bea y se quitó el pelo de la cara-. Querríamos inspeccionar lo que lleva.

El conductor apagó el motor y **quitó** (10. ______________) la llave.

-¿Querríamos? -le preguntó.

Bea indicó hacia la parte trasera del camión hacia donde fueron los dos.

-Sí, mi compañero y yo. Nosotros ...

Bea se echó para atrás cuando le cayeron algunos restos de verdura y fruta.

El comisario García ya estaba metido en la basura y buscaba con ansias. El segundo basurero en la plataforma no podía creer lo que veía. -¡Ha saltado ahí dentro!

Bea movió la cabeza sin podérselo creer.

Entonces sonó un grito de triunfo del interior del camión. Segundos después sacó el comisario la cabeza. En la mano derecha llevaba el Picasso robado.

-¡Lo tengo, Bea! ¡Lo tengo!

Bea empezó a reirse. No pudo evitarlo.

El comisario García estaba sentado encima de la basura y su caro traje estaba lleno de restos de verdura y fruta. En la mano estaba el cuadro de la mujer con dos caras. ¡Eso sí que era una situación surreal!

-Picasso estaría orgulloso de usted, José -le susurró Bea. Luego cogió el cuadro y le ayudó a salir de allí.

-¡Ah!, ¿eso buscaban? -dijo el segundo basurero, más joven-. Lo hemos cogido porque pensamos que era una copia barata. Además estaba en uno de los contenedores en el mercado . . . ¡¡¿No me diga que es auténtico?!!

El comisario García se quitó una cáscara de naranja de la cara y asintió.

-¡Pues claro! ¿Por qué? ¡Es usted experto en Picasso?

En lugar de responder, el basurero se puso pálido y casi se desmayó.

-¿Pero qué he hecho? -se decía en voz baja-. Casi lo habría roto. No me lo habría perdonado . . .

-¿Qué le pasa? -preguntó Bea sorprendida.

ÜBUNG 38 !

*Übung 38: Welche Gegenteile gehören zusammen? Setzen Sie die richtige Ziffer ein!*

| | | | |
|---|---|---|---|
| 1. meter | ☐ encender | 6. cerrar | ☐ recoger, coger |
| 2. poner | ☐ ensuciarse | 7. levantarse | ☐ abrir |
| 3. empujar | ☐ sacar | 8. lavarse | ☐ quitar |
| 4. tirar | ☐ bajar | 9. ir | ☐ tirar |
| 5. apagar | ☐ venir | 10. subir | ☐ acostarse |

El conductor del camión se arrodilló junto a su amigo y le echó aire con un cartón.

-Es que Miguel es estudiante de Bellas Artes. Trabaja con nosotros sólo en las vacaciones. Creo que el shock ha sido demasiado fuerte para él.

-Puedo entenderlo -dijo García lleno de compasión por el chico-. El pobre debe echarse la culpa. Déle las gracias de nuestra parte cuando se recupere.

Con cuidado Bea tomó el cuadro. -Vamos, comisario -le dijo.

-Llamamos un taxi y llevamos el cuadro a la comisaría antes de que le pase algo.

García asintió con la cabeza. -¡Buenísima idea, Bea!

*Übung 39: Setzen Sie folgende Wörter in die Lücken ein!*
***(indignado, olía, asientos, ventanilla, llevar, se había dado cuenta, miedo, espejo, manchas)***

Se pusieron al borde de la acera para hacer señas con la mano a un taxi. Poco después paró uno. El taxista miró por la (1. Autofenster) ______________ al comisario y negando con la cabeza se volvió a ir.

-¡Eh! ¿Pero qué pasa? -se dijo García (2. empört) ______________.

Bea sonrió. -¡Bueno, José, seguro que tenía (3. Angst) ______________ de que le mancharas sus (4. Sitze) ______________. Deberías mirarte en un (5. Spiegel) ______________.

La verdad es que llevaba el traje lleno de (6. Flecken) ______________ y, además, no (7. roch) ______________ muy bien. Hasta entonces se había preocupado tanto por el cuadro que no (8. hatte bemerkt) ______________ de su aspecto.

-Me temo, -dijo Bea- que tendremos que volver a pie. Con este aspecto no creo que nos quiera (9. mitnehmen) __________ ni un coche de policía.

El comisario levantó los hombros -¡Es igual! ¡Lo importante es que hayamos recuperado el Picasso. El jefe estará contento de vernos.

-¡Dios mío! ¡Pero qué aspecto tienen!
El comisario García y Bea estaban delante del escritorio del jefe de la sección de delitos de arte de la policía barcelonesa.
García notaba cómo los ojos de su superior inspeccionaban su traje de arriba a abajo. Bea tampoco se sentía a gusto.
Quizás era por el olor tan fuerte a basura que el comisario desprendía. Desde luego no podía ocultar que había estado en contacto con basura.
Algo temeroso, García levantó el cuadro a la vista de su jefe.
-Hemos conseguido recuperar el Picasso y coger al ladrón. Yo creo que merece la pena mancharse las manos por eso, ¿no?
Almodóvar, el jefe de policía, movió la cabeza de un lado a otro. -Si sólo fueran las manos ..., García. Por cierto, ¿qué le ha pasado en el brazo?

ÜBUNG 40 !

*Übung 40: Ergänzen und übersetzen Sie diese Wörter!*
***(hombros, calor, escritorio, fácil, cargo, orden, levantó, vacaciones)***

García miró su brazo izquierdo. La venda tenía manchas amarillentas. ¡Casi había olvidado su brazo!
García levantó los 1. __________ -¡Oh!, sólo un pequeño accidente laboral. Con un par de días de trabajo 2. __________ estará como nuevo.
Almodóvar se 3. __________ pesadamente de su mesa. Tenía una tripa bastante grande y sudaba de 4. __________.
-¡Tengo una idea mejor, García! -dijo el comisario-jefe Almodóvar y

dio la vuelta al 5. ______________ para hacerse 6. ______________ del Picasso-. ¿Qué tal si se tomara unas pequeñas vacaciones? Todavía no ha tenido ningunas este año ...

-¿7. ________________ ? -respondió el comisario García-. No creo que sea necesario.

-Tal vez no necesario -respondió el comisario-jefe-, pero sí es una 8. ______________ .

García iba de un lado a otro un tanto intranquilo.

-Pues no lo sé ... Yo donde mejor descanso es trabajando.

Almodóvar movió la cabeza inflexible.

-Esta vez no, amigo mío. Es nuestro mejor inspector en delitos de arte y no me gustaría nada que algún día no pudiera más por exceso de trabajo.

-¡Eso le digo yo constantemente! -añadió Bea.

-¡Lo sé¡ -respondió el comisario-jefe-. Por eso le va a acompañar usted a nuestro comisario!

-¿De vacaciones? -preguntó Bea sin poder creerlo.

-Bueno, llamarlo "vacaciones" es tal vez un poco exagerado -dijo Almodóvar-. Yo ya me imaginaba que al comisario no le gustaría demasiado. Por eso uniremos vacaciones con una pequeña misión. Miren ...

*Übung 41: Finden Sie die spanischen Übersetzungen zu den folgenden Wörtern!*

***(1. Berichte, 2. Karten, 3. dachte nach, 4. zufrieden, 5. er hatte seine Meinung geändert, 6. im Urlaub, 7. sofort)***

ÜBUNG 41 !

El jefe les puso delante una delgada carpeta con un par de informes.

-Son unos informes y mapas de una pequeña villa, Valdepaz, no muy lejos de Valencia.

Bea se quedó pensando.

Por lo que recordaba Valencia era el nombre no sólo de la tercera ciudad más grande de España, sino también de una provincia al sur de Cataluña.

Mientras que Bea todavía estaba pensando, el comisario ya estaba mirando los informes. -Entiendo -murmuró García.

Parecía estar más que contento. Parece que había cambiado su opinión con respecto a las vacaciones.

-¿Cuándo quiere enviarme de vacaciones? -preguntó García.

Almodóvar sonrió.

-¡Inmediatamente! ¡Inmediatamente!

-¿Quiere decirme de una vez de qué se trata? -le preguntó Bea que le miraba desde su asiento mientras García conducía.

Grandes nubes oscuras de tormenta se iban aproximando desde el horizonte mientras que el coche del comisario daba saltos sobre la pequeña carretera.

Si es que se le podía llamar "carretera".

La mayoría de las carreteras, incluso las pequeñas, solían estar en buen estado o relativamente bien en general. Pero ésta parecía habérseles olvidado: había un agujero tras otro; lo que hacía el conducir bastante pesado y lento.

Bueno, bien es verdad que se trataba de una zona muy montañosa y casi perdida donde la naturaleza hacía difícil y costosa la construcción de carreteras.

Al comisario no parecía importarle esto. Al contrario, daba la impresión de estar todavía más contento de lo habitual.

A pesar de la lesión había preferido conducir él mismo. Para cambiar las marchas era un poco difícil, pero parecía arreglarse muy bien y además no había nada de tráfico en esa pequeña carretera.

Bea no podía entender ese orgullo anticuado, pero evitó decir algo.

*Übung 42: Ordnen Sie diese Straßenbezeichnungen von groß nach klein!*

***(camino, carretera provincial, autovía, carretera nacional, autopista, sendero, pista)***

ÜBUNG 42 !

-Valdepaz es una pequeña villa de unos dos mil habitantes, pero tiene una larga historia -dijo García.
El comisario García tomó aire pensativo. Bea se temía lo peor: conociendo a García ahora vendría una larga explicación de los sucesos históricos más importantes de la provincia.
Cada vez estaba más segura: García se había equivocado de profesión y hubiera tenido que hacerse profesor o guía turístico.
-Los romanos conquistaron la provincia de Valencia ya en el año 150 antes de Cristo. La dominaron durante casi 500 años. Luego, por el 700, tomaron el poder los árabes durante varios siglos. Alrededor del año 1000 Valencia llegaría a ser la capital de un reino independiente.

*Übung 43: Kennen Sie sich gut aus? Verbinden Sie die Wörter mit ihrer Übersetzung!*

| | |
|---|---|
| 1. gasolinera | ☐ Autobahngebühr |
| 2. arcén | ☐ überholen |
| 3. señal de circulación | ☐ Öl |
| 4. adelantar | ☐ Verkehrszeichen |
| 5. ceda el paso | ☐ Führerschein |
| 6. prohibido | ☐ bleifrei |
| 7. sin plomo | ☐ Vorfahrt beachten! |
| 8. aceite | ☐ Standspur |

ÜBUNG 43 !

9. peaje ☐ Tankstelle
10. permiso de conducir ☐ verboten

-Muy interesante -asintió Bea-, pero ¿qué tiene que ver con nosotros? ¿Por qué nos envía aquí el jefe?
El comisario intentó evitar un gran agujero en el asfalto.
-Bien, en primer lugar hay una antigua leyenda. Parece que en la provincia de Valencia, no lejos de Valdepaz, debe estar escondido un antiquísimo tesoro. Tanto aventureros como buscadores llevan intentándolo encontrar desde siglos. Sin éxito hasta ahora.
Bea asintió con la cabeza.
-Interesante. Pero seguro que esa no es la razón por la que nos envían aquí …
-Naturalmente que no. -El comisario sonrió-. Pero el jefe sabía que a mí me interesaría muchísimo esa historia. La verdadera causa es que ha desaparecido alguien en ese lugar.
-¿De verdad? -preguntó Bea-. ¿Y quién es, si se puede saber?
-Un compañero nuestro … Es el jefe de la policía local. Bueno, la verdad es que es el único policía que hay allí.
-¿Desapareció? ¿Cómo que desapareció? -preguntó de nuevo Bea que empezaba a interesarse por el asunto.

ÜBUNG 44 !

*Übung 44: Unterstreichen Sie jeweils das „schwarze Schaf"!*

1. documento de identidad, nombre, apellidos, pasillo, profesión
2. paseo, playa, calle, fuente, rotonda
3. vista, oído, tacto, mirada, olfato, gusto
4. moreno, rubio, difícil, alto, bajo, grueso
5. bebé, adolescente, adulto, hombre, joven, anciano
6. cabeza, tobillo, reloj, espalda, brazo, dedo
7. ventana, calefacción, escalera, acera, dormitorio
8. moneda, tarjeta de crédito, billete, llaves, cheque, cajero automático

-Este hombre, un tal Hector Ramírez, desapareció hace tres semanas sin más. Como si se lo hubiera tragado la tierra.
-¡Qué raro!, ¿no? ¿Hay alguna pista? ¿Señales de algún delito quizás?
El comisario alzó los hombros en señal de no saber nada.
-Nada. Por eso digo que parece haber desaparecido de la tierra. Simplemente un dia no llegó a trabajar.
Unos días después algunos vecinos empezaron a preocuparse, fueron a su casa, Ramírez vivía solo, y descubrieron que la casa estaba vacía y sobre la mesa de la cocina había algo de comida.
-¡Es muy misterioso todo eso! -murmuró Bea.
Pero posiblemente había alguna razón lógica para la desaparición del policía. Quizás había tenido un accidente o había decidido abandonar su vida y hacerse torero. ¡Todo era posible!
De todos modos, esa historia había sido una buena excusa para enviar a García medio de vacaciones y hacerle cambiar de ambiente.
El cielo sobre la carretera se oscurecía rápidamente. Bea miró algo intranquila hacia arriba a través de la luna del coche.

*Übung 45: Ergänzen Sie diese Wörter!*
***(frío, hay niebla, lloviendo, hace calor, nevando, nublado)***

ÜBUNG 45 !

1. Hoy hacen 35 grados. ______________.
2. Ayer hizo ______________. Tuvimos 3 grados bajo cero.
3. Hoy no se ve nada: ______________.
4. Tenemos que coger el paraguas porque está ______________.
5. ¡Está todo blanco! Esta noche ha estado ______________.
6. Hoy no se ve el sol. El cielo está ______________.

-Se está preparando una buena -susurró-. ¿Cuánto queda hasta Valdepaz? -le preguntó a José.

-La verdad es que no lo sé -respondió él-. Las carreteras por aquí están muy mal señalizadas y hay muchísimas curvas. Según mis cálculos, ya deberíamos haber llegado hace tiempo.
-Sería mejor llegar antes de que empiece la tormenta -dijo Bea.
De pronto la cara de José García se iluminó. Delante había una pequeña gasolinera.
No se veía ningún coche a muchos kilómetros a la redonda. García se preguntó de qué viviría la gasolinera.
-¡Ahí hay una gasolinera! -dijo subiendo la voz-. Podemos preguntar. De todos modos tampoco vendría mal echar gasolina. El tanque está casi vacío. La verdad es que ya estaba empezando a preocuparme.
Bea afirmó con la cabeza. -Es verdad. No sería muy agradable quedarse por aquí sin gasolina.
Aunque no le seguía nadie, el comisario puso el intermitente y entró en la gasolinera. Paró al lado de uno de los surtidores y apagó el motor.
Un hombrecillo mayor con barba cana abrió la puerta del edificio. Les saludó amistosamente y se limpió las manos en un trapo.
-¡Buenas tardes! -dijo con una sonrisa-. ¿Cuánto les pongo?
El comisario contestó al saludo, -¡Buenas tardes! -y añadió: -¡Lleno, por favor, sin plomo.
-¡Sí, señor! -Abrió el tanque y empezó a llenarlo.

ÜBUNG 46 !

*Übung 46: Suchen Sie im Text das Gegenteil für diese Wörter!*
***(1. a la izquierda, 2. oscurecer, 3. antes, 4. cerca, 5. preguntar, 6. ruido)***

Con lástima miraba el comisario cómo pasaba alocadamente un euro tras otro y desaparecían en el coche en forma de gasolina.
Bea salió del coche para estirar un poco las piernas.
-¿Me dice dónde están los servicios? -preguntó al hombre.
-¡Cómo no! Están allí. La segunda puerta a la derecha es el de señoras.
Bea dio las gracias y se fue.

Un primer relámpago iluminó el cielo oscuro. Unos segundos después sonó un trueno a lo lejos.
El empleado miró la matrícula y dijo: -Son de Barcelona, ¿no?
El comisario movió afirmativamente la cabeza.
-Bonita ciudad -dijo el hombre-. Pero un poco grande para mi gusto. Mire usted que ya Valencia me parece demasiado grande y eso que es la mitad de grande que Barcelona ….
-Uno se acostumbra -respondió José-. Pero a veces no crea que no envidio a la gente que vive en los pueblos. ¡Hay tanta tranquilidad!
Tronó otra vez. Esta vez más cerca y más fuerte.

García y el empleado se habían asustado y por eso sonrieron los dos. El hombre terminó de echar gasolina. -Son 38 euros con 18 céntimos. El comisario sacó de la cartera dos billetes de 20 euros. -¡Aquí tiene, 40 euros! ¡Quédese con la vuelta!
El hombre dio las gracias. -¡Muchas gracias! ¿Qué hacen por aquí, si no les importa contestarme? ¿Vacaciones?
-No exactamente -respondió García-. Somos de la policía. Hace tiempo que no se sabe nada de un compañero nuestro en Valdepaz. ¡Por cierto! Quería preguntarle cómo llegar allí.

*Übung 47: Ergänzen Sie die Verben, die zu diesen Substantiven passen!*

1. la mirada ____________
2. la respuesta ____________
3. el susto ____________
4. la sonrisa ____________
5. la costumbre ____________
6. el trueno ____________

7. el movimiento ..........................

8. el saludo ..........................

El hombre le miró con grandes ojos y sin querer dio un paso atrás.
-¿Valdepaz? -repitió-. Sigan la carretera. No se perderán. Pero yo en su lugar no iría allí. Ese pueblo está maldito.
Se oyó otro trueno y casi al mismo tiempo cayó un rayo en los montes, no muy lejos de allí.
-¿Maldito? -preguntó Bea, que acababa de llegar-. ¿Hablan del precio de la gasolina? ¿O de los agujeros que tiene esta carretera?
Bea sonrió de su propia broma, pero el empleado la miró seriamente.
-No se ría. En Valdepaz pasan cosas muy raras. ¡Ha vuelto! ... Pero esta vez al lado del Mal.
El comisario le preguntó curioso. -¿Quién ha vuelto? ¿Qué quiere decir con eso?
El hombre sólo agitó la cabeza y se volvió a la casa de la gasolinera.
-¡Cuídense del Caballero Negro! ¡Ya no es el que era! ¡Créanme!
Entonces entró y cerró la puerta tras de sí.
El comisario García y Bea se quedaron parados al lado del coche sin entender nada.
-Pero ¿qué mosca le ha picado? -preguntó la chica.

! ÜBUNG 48

*Übung 48: Ordnen Sie zu!*

| | | |
|---|---|---|
| 1. capó | a) ☐ | Stoßstange |
| 2. limpiaparabrisas | b) ☐ | Blinker |
| 3. freno | c) ☐ | Gänge |
| 4. volante | d) ☐ | Kupplungspedal |
| 5. marchas | e) ☐ | Stoßdämpfer |
| 6. embrague | f) ☐ | Bremse |
| 7. acelerador | g) ☐ | Scheibenwischer |

| | | | |
|---|---|---|---|
| 8. | amortiguador | h) ☐ | Lenkrad |
| 9. | parachoques | i) ☐ | Handschuhfach |
| 10. | intermitente | j) ☐ | Motorhaube |
| 11. | guantera | k) ☐ | Gaspedal |

García alzó los hombros en señal de no saber y añadió: -Ni idea. Pero parecía tener miedo. Al menos nos ha dicho cómo llegar al pueblo.
Sin saber qué pensar montaron en el coche.
En menos de unos segundos, García iba a una buena velocidad.
En ese momento rompió la tormenta. Empezó a llover a cántaros acompañado de rayos y truenos.
La lluvia hacía un ruido fortísimo sobre el capó del coche.
-¡Dios mío! ¡Cómo llueve! -murmuró Bea.
El comisario no contestó.
Los limpiaparabrisas iban muy rápido, pero casi no se podía ver la carretera. Tuvo que reducir la velocidad. Ir a más de 40 kilómetros era casi imposible.
-¿Ves algo? -preguntó Bea algo preocupada.
-Casi nada -respondió casi gritando porque el ruido era ensordecedor-. Tengo que ...
De repente el comisario pisó el freno a fondo.
El coche se quedó parado instantáneamente.

-¿Qué pasa? -preguntó Bea asustada. Entonces miró hacia la carretera.
A unos pocos metros había algo oscuro en la carretera.
Unos segundos después un rayo iluminó todo brevemente y Bea pudo verlo también:
¡Era el Caballero Negro!
Estaba montado en un caballo negrísimo. Siguió otro rayo. Bea y José se quedaron petrificados.
Los ojos del caballo y del caballero brillaban a la luz de los rayos.
Ambos parecían mirar el coche.

-¡No lo puedo creer! -dijo Bea sin dejar de mirar la aparición. Sintió un escalofrío por la espalda.
-Pues créelo -dijo José, tan sorprendido como su ayudante-. ¡Yo también lo veo!

El jinete iba de negro y llevaba un sombrero de ala ancha y un pañuelo negro que le cubría casi toda la cara.
-No esperaba un comité de recepción de este tipo -añadió García moviendo la cabeza.
Sonó otro trueno que hizo temblar el pequeño coche del comisario.
El caballo se empezó a mover adelante y atrás nerviosamente y el comisario creyó oír, a pesar del fuerte ruido de la lluvia, un relincho del animal.
Entonces, un golpe de aire trajo una fuerte ráfaga de lluvia y durante unos breves segundos no se pudo ver nada.
García le dio al limpiaparabrisas y lentamente pudieron distinguir algo a través del cristal.
El caballero había desaparecido. Como si se lo hubiera tragado la tierra.
-¡Es imposible! -dijo Bea. Estaba pálida.
¿Era un fantasma?

*Übung 49: Was ist was? Ordnen Sie zu!*

| | | | |
|---|---|---|---|
| 1. fantasma | a) | ☐ | golpe de viento que se produce de repente |
| 2. ráfaga | b) | ☐ | sensación de frío y temblor cuando nos pasa algo raro |
| 3. sombrero | c) | ☐ | Las estrellas brillan en la noche. Los diamantes también, por eso se llaman también brillantes. |
| 4. escalofrío | d) | ☐ | es un espíritu de alguien muerto que aparece |
| 5. brillo | e) | ☐ | aparato que funciona con pilas y da luz |
| 6. cinturón | f) | ☐ | Es algo que cubre. Puede ser de tela, agua, etc. |

7. linterna g) ☐ objeto que se usa para cubrirse la cabeza
8. capa h) ☐ sustancia que se forma con agua y tierra, por ej. cuando llueve
9. barro i) ☐ objeto de cuero o tela que se usa para sujetar por ejemplo los pantalones

-¡Tonterías! -contestó García-. Los fantasmas no existen-. Acto seguido, abrió la puerta del coche.
-¿Qué va a hacer? -preguntó Bea sorprendida.
-Quiero ver las huellas de ese caballero y de su caballo, Bea -gritó el comisario para hacerse oír en el ruido de la tormenta.
El viento y la lluvia eran tan fuertes que tuvo que apoyarse en el coche para no caer.

Bea agitó la cabeza.
Entonces se quitó el cinturón de seguridad y abrió ella también la puerta.
-¿Por qué me hace esto? -murmuró entre dientes.
La fuerza del viento empezó de repente a ser menor. La tormenta iba pasando muy rápidamente, pero seguía lloviendo casi tanto como antes.
Bea le siguió. Podía ver la luz de la linterna de José iluminando el lugar donde había estado el caballo.

*Übung 50: Wie sagt man im Spanischen, dass „etwas faul ist"? Finden Sie die korrekte Übersetzung im nächsten Abschnitt!*

ÜBUNG 50 !

-¿Ves? -le gritó García con tono triunfante y señaló al suelo-. ¡No era ningún fantasma!
-¿Y por qué estás tan seguro? -preguntó Bea. Se oyó otro trueno algo más lejano.

Poco a poco ya no era necesario gritar para entenderse. La lluvia fue disminuyendo de intensidad también.
-¡Pues muy fácil, querida! -respondió García y señaló con la luz de la linterna hacia las huellas.
-Nuestro fantasma ha dejado huellas. No entiendo mucho de esas cosas, pero los fantasmas no suelen dejar marcas ni en el barro ni en ningún sitio, ¿no? Me huele que aquí hay gato encerrado ...
Bea se acercó a donde estaba García y miró al suelo.
Era verdad. El agua había traído y dejado una pequeña capa de barro en la carretera y allí se podían ver las huellas del caballo.
Venían de un pequeño alto a unos 20 metros de la carretera.

García señaló en esa dirección diciendo: -Ahí se escondió nuestro fantasma para darnos una sorpresa. Como ves no hay nada sobrenatural en todo esto. Alguien se ha querido reír un poco de nosotros. Nos ha tomado el pelo.
-Pero, ¿por qué? -preguntó Bea-. ¿Por qué se viste alguien de "caballero negro" y asusta de muerte a unos pobres turistas con este tiempecito de perros?

! ÜBUNG 51

*Übung 51: Ergänzen Sie jeweils das Gegenteil!*
***(alejarse, irse, divertirse, olvidarse, despertarse, tranquilizarse, divorciarse, levantarse, enfadarse)***

1. Marta se casó en marzo y un año después ________.
2. Estás muy nerviosa. Toma una manzanilla y así ________.
3. El niño se ha dormido hace tres horas y todavía no se ha ________.
4. Creo que en vez de acercarnos al pueblo nos estamos ________.

5. Yo me aburrí muchísimo, el resto de la gente ________________ bastante.
6. Si no quieres quedarte, puedes ________________.
7. Intenta tranquilizarte, no tienes que ________________.
8. Me acuesto muy tarde, sin embargo tengo que ________________ muy temprano.
9. Marisa nunca se acuerda de nada, siempre ________________ de todo.

El comisario movió la cabeza de un lado a otro. -¡Ni idea! Pero si tiene algo que ver con la desaparición del policía lo descubriremos.
Bea asintió pensativa mirando las huellas que iban desapareciendo lentamente con la lluvia.
Había algo que seguía sin entender. Pero no sabía qué era.
Siguieron las huellas hasta el alto. Nada raro. Pero ...
-¡Estás bien, Bea? -le preguntó García preocupado. -Parece como si hubieras visto un fantasma ...
-¡Y lo he visto! -Bea tragó saliva-. O mejor dicho ... lo hemos visto los dos ...
García la miró preguntándole -¿Qué quieres decir?
-Pues muy fácil, José. Las huellas van del alto a la carretera, pero allí terminan. Ese caballero debe haberse ido volando porque no hay huellas de regreso de la carretera al alto o a otro lugar ...
El comisario le dio la razón contrariado y pensativo.
-No había pensado en eso, Bea. ¡Enhorabuena!
Pero Bea sabía que a García seguía preocupándole más encontrar una explicación lógica a todo lo que había pasado con el supuesto fantasma.
-¡Volvamos al coche! -dijo García-. Antes de que nos resfriemos. Estoy seguro de que hay una explicación lógica para todo esto ...

*Übung 52: Finden Sie die Synonyme zu folgenden Wörtern!*
***(1. deprisa, 2. con atención, 3. agujeros, 4. apetecer, 5. pensar y pensar, 6. dejar huellas, 7. letrero, 8. sobresaltado, 9. misterio)***

Afortunadamente la tormenta se fue rápidamente.
Unos minutos después ya sólo se oían truenos muy lejanos.
El barro saltaba al paso del coche por la carretera. García, callado, iba conduciendo con cuidado por los numerosos baches.
Bea no habló con él, aunque tenía ganas de preguntarle sobre esa aparición horrible. Pero quizás era mejor no molestarle mientras pensaba ...
Bea sabía que García le daba vueltas a todo una y otra vez buscando una explicación a la desaparición del caballero negro.
¿Pero cómo pueden desaparecer caballero y caballo sin dejar rastro?
Acababan de pasar una señal que decía que Valdepaz estaba a sólo 5 kilómetros.
-¡Ya lo tengo! -anunció el comisario de repente.
Su grito inesperado había asustado a Bea.
-¿Qué tienes, José?
-¡La solución al enigma!

Bea pensó: -¡A ver qué idea se le ha ocurrido ahora!- y miró a su jefe sin dejar de mirar hacia la carretera.
-¡No es tan difícil como parece! -dijo García orgulloso de haber encontrado la solución-. No tenemos que vérnoslas con un fantasma, sino con un excelente jinete.
-¿Qué quieres decir? -preguntó Bea.
-Pues muy sencillo -contestó García-. ¿Recuerdas? Las huellas del alto van directamente a la carretera. El caballero enmascarado vino de allí, pues. Luego se puso en medio de la carretera y ...
-Y nos dió un susto de muerte -añadió Bea.

-Eso también. Y para eso nos fue siguiendo y esperó el momento adecuado.
-¿Para hacer qué? -preguntó Bea curiosa.
-¡Para volver a esconderse a ese alto. ¡Pero marcha atrás!

*Übung 53: Streichen Sie das nicht passende Wort!*



-¿Marcha atrás? ¡No entiendo!
-¡Lo que te digo, Bea! Un buen jinete domina tan bien su caballo que puede hacerlo andar marcha atrás. Recuerda la famosa Escuela de Equitación de Viena o la de Jerez de la Frontera, aquí en España.
Bea le dio la razón. Eso explicaría algunas cosas. El caballero había vuelto marcha (1.) atrás/adelante sobre sus propias huellas. Así sólo dejó las que iban a la carretera pero ninguna de (2.) ida/vuelta.
Desde luego tenía que ser muy buen jinete.
Como llovía tanto, además, las huellas eran muy (3.) débiles/claras y no se notaba alguna más de vuelta.
-Pero, ¿qué quería el caballero? -preguntó Bea-. ¿Por qué todo ese esfuerzo?
El comisario levantó los hombros.
-Eso no lo sé (4.) ya/todavía, querida. Supongo que quería asustarnos ... O mantenernos alejados de Valdepaz ...
-Puede ser -comentó Bea-. Pero eso no explica para qué toda esta historia.
-Vamos a ver, Bea. En Valdepaz (5.) desaparece/aparece un policía y al mismo tiempo aparece este "fantasma". Cuando en un pequeño lugar pasan dos cosas (6.) habituales/extraordinarias es casi seguro que tienen alguna relación.
Bea asintió. Eso era verdad.
El comisario indicó hacia adelante. Estaban (7.) saliendo/entrando en Valdepaz.
-¿Ves? Ya hemos llegado. ¡Qué sitio tan agradable!

Bea miró por la ventana y tuvo que darle la razón a José.
Las negras nubes estaban ya lejos en el horizonte.
Estaba (8.) amaneciendo/anocheciendo y la luna casi llena flotaba en el cielo de este pequeño e idílico pueblo con título de "villa".
García (9.) se paró/siguió hasta una pequeña plaza en la que dominaba el viejo ayuntamiento.
Con la tormenta no había casi nadie en la calle. Al menos ya no llovía nada.
Las calles olían a tierra (10.) seca/mojada y fresca.

ÜBUNG 54 !

*Übung 54: Wie lautet das Adjektiv?*

1. policía ____________
2. mar ____________
3. ciudad ____________
4. pueblo ____________
5. montaña ____________
6. región ____________
7. tierra ____________
8. casa ____________
9. lluvia ____________
10. noche ____________
11. semana ____________

-¡Es muy bonito esto! -dijo Bea-. Casi me hace olvidar el susto que nos hemos dado.
El comisario le dio la razón con un gesto.
-Mira en la guantera, Bea. He buscado en internet la dirección de alguna pensión aquí. Tengo que haber escrito la dirección en algún lugar.

Bea abrió la guantera.
No le sorprendió el lío de guías turísticas y folletos que cayeron al suelo. Eran guías de arte de la zona.
No pudo dejar de sonreír. José García no le dejaría ni un minuto libre hasta haber visto todos y cada uno de los monumentos y lugares de interés de la región. Por fin encontró un pequeño trozo de papel.
-Pensión Rodríguez -leyó Bea en voz alta-. Calle del Mercado, número 17.
El comisario García puso un momento la luz larga para ver si podía distinguir el nombre de la calle al fondo.
-¡Tenemos suerte! ¡Es aquí mismo! -dijo Bea.
García dobló en una pequeña calle y Bea intentó leer los números de las casas en la oscuridad.
Por suerte la pensión tenía un pequeño letrero sobre la puerta.
-¡Aquí es! -dijo Bea.
García paró el coche y bajaron los dos.
Luego, el comisario abrió el maletero y sacó con su brazo sano dos bolsas de viaje. Bea le cogió su bolsa.
-Yo las llevo -dijo decidida-. Tienes que tener cuidado con el brazo, José.
Casi sin querer le dio la bolsa a Bea.
Luego subieron la pequeña escalera hasta la puerta.
Un hombre alto, de unos treinta años con pelo negrísimo y ojos marrón oscuro les abrió la puerta.
-¡Uhmm! ¡Qué guapo! -pensó Bea.
-¿Qué desean? -preguntó el joven en voz baja.
-Me llamo José García y esta es mi colega Bea Schramm. He reservado dos habitaciones por internet.
El hombre sonrió ampliamente. Abrió más la puerta.
-¡Ah, sí! ¡El comisario de Barcelona! Ya les estábamos esperando. Pensaba que tal vez se hubieran resguardado de la tormenta en el camino y por eso tardaban.

ÜBUNG 55 !

*Übung 55: Finden Sie das Gegenteil!*

***(poner en marcha, subir, cerrar, meter, soltar, bajar, llorar, desatar, entristecerse, prestar)***

1. bajar ______________________
2. sacar ______________________
3. subir ______________________
4. atar ______________________
5. tomar prestado ______________________
6. parar ______________________
7. abrir ______________________
8. agarrar, coger ______________________
9. reír ______________________
10. alegrarse ______________________

-Bueno. No ha sido para tanto -sonrió Bea y le dio la mano al joven. Éste tenía una mano fuerte. -Gracias por esperarnos hasta tan tarde -añadió Bea.
-Naturalmente -respondió el hombre-. Y además no es tan tarde. Soy Raúl. Raúl Rodríguez. Desde que mis padres murieron llevamos juntos la pensión.
-¿Llevamos? -preguntó el comisario al entrar.
-Mi hermana y yo -aclaró Raúl.
Justo en ese momento se abrió una puerta al final del pasillo.
Una joven de pelo largo y negro salió de ella. Su cara era tan delgada como la de Raúl.
Sonriente se acercó al comisario y a Bea y les alargó la mano para saludarlos.

*Übung 56: Wie gut können Sie jemanden beschreiben? Ergänzen Sie!*



1. Roberto es moreno, pero su hermana Laura es ____________.
2. Mi hermano tiene el pelo liso, en cambio yo lo tengo ____________.
3. Fernando lleva el pelo corto, el mío es ____________.
4. Los latinos tienen los ojos oscuros; los nórdicos los tienen ____________.
5. Mi padre y mi madre son bajos, en cambio yo soy ____________.
6. Yo estoy muy delgada pero mi novio está algo ____________.
7. Yo tengo mucho pelo, en cambio mi padre está casi ____________.

-Perdón, pero me estaba lavando el pelo -dijo ella-. . . . y por eso no oí el timbre. ¡Bienvenidos a nuestra pensión! Soy Carlota.

-¡Mucho gusto, Carlota! -dijo el comisario.

Carlota sonrió y miró a Bea y al comisario. La ropa de los dos estaba todavía algo mojada.

-Perdonen ustedes -dijo finalmente-. Estamos en el pasillo hablando y tienen que tener frío. ¿Quieren que les enseñe sus habitaciones y así pueden cambiarse de ropa? Raúl les preparará mientras tanto algo caliente.

-Pues no le digo que no -respondió el comisario y siguió a Carlota hacia la escalera.

Las habitaciones de Bea y José estaban en el primer piso. Eran pequeñas y sencillas pero parecían cómodas.

-Espero que les gusten -dijo Carlota-. Desgraciadamente sólo hay un servicio y una ducha en el pasillo. Esto es una pensión sencilla, ¿saben? -se disculpó Carlota.

-¡No importa! -respondió el comisario-. ¡Me siento ya casi como en casa!

-Yo también -añadió Bea-. Prefiero una pequeña pensión familiar y agradable a un gran hotel anónimo.

ÜBUNG 57

### *Übung 57: Verbinden Sie!*

| | |
|---|---|
| 1. darse un susto, asustarse | ☐ Reifenpanne |
| 2. folleto | ☐ Trick |
| 3. trozo | ☐ sich schützen |
| 4. maletero | ☐ Panne, Störung |
| 5. resguardarse | ☐ Broschüre |
| 6. pinchazo | ☐ Klingel |
| 7. timbre | ☐ einen Schreck bekommen |
| 8. avería | ☐ Kofferraum |
| 9. truco | ☐ Stück |

-Me alegro -sonrió Carlota-. Pero díganme ... ¿Por qué están tan mojados? ¿Tuvieron en el viaje alguna avería o un pinchazo?

-No -negó el comisario García-. Pero nos hemos encontrado con una de las atracciones locales ... el Caballero Negro.

Carlota se puso seria. -¿El Caballero Negro? ¿Lo han visto?

-¡Vaya que sí lo hemos visto! Y tengo que decir que al principio lo tomé por un fantasma -respondió Bea.

-¿Al principio? ¿Es que no es un fantasma? -preguntó Carlota.

-El comisario casi lo atrapa -rió Bea.

García afirmó con la cabeza. -Quienquiera que sea ha utilizado un buen truco para convencernos por poco.

Carlota no dejaba de mirar a Bea y al comisario.

-Entonces díganme con qué truco consigue el Caballero Negro llevar 200 años haciéndo de las suyas.
-¿200 años? -respondió García sorprendido-. Eso sí que es extraordinario.

*Übung 58: Ordnen Sie die Zeitangaben von der Vergangenheit bis zur Zukunft!*
***(mañana, hoy, anoche, hace dos horas, pasado mañana, anteayer, en tres días, en 1992, el año pasado, hace cuatro días, el mes que viene, en quince minutos, enseguida, dentro de una hora)***

ÜBUNG 58 !

-En España era una época intranquila. La guerra de Sucesión a la Corona de 1701 había terminado hacía poco y el país estaba intranquilo. Pero aquí en el campo esas cosas de la gran política no eran muy importantes. Aquí mandaban los grandes propietarios de tierras que robaban a los pequeños campesinos. Como habían hecho desde siempre.
El comisario y Bea estaban en la mesa de la pequeña cocina y escuchaban atentamente a Raúl.

Los dos policías se habían cambiado de ropa y se encontraban de nuevo a gusto.
Un viejo reloj hacía tic-tac majestuosamente en la pared de la cocina. Eran poco más de las diez y media de la noche pero García no se encontraba nada cansado.
Tampoco Bea. La historia que Raúl les estaba contando era muy interesante.
-¿Algo más de sopa caliente? -preguntó Carlota.

-¡Sí, gracias, con mucho gusto! -respondió el comisario y le dio el plato a Carlota-. Espero que no os estemos molestando tan tarde.

Carlota negó con la mano derecha. -¡Pues claro que no! Valdepaz es un lugar pequeño y en esta época tampoco tenemos usualmente muchos huéspedes y además no es tan tarde. La verdad es que nos encanta tener a alguien de huesped.

-Eso me tranquiliza -sonrió el comisario-. Pero sigue contando, Raúl.

Raúl hizo un leve movimiento de cabeza.

-Según la leyenda, una noche de primavera como hoy apareció por primera vez el Caballero Negro.

Un rico cacique acababa de cobrar el arriendo de las tierras a sus campesinos. La cosecha del año no había sido nada buena y los campesinos no tenían casi nada.

Era de noche y el cacique estaba en su mansión contando el dinero de las rentas. Fuera se aproximaba una tormenta y el ruido de la lluvia se entremezcló con el relincho de un caballo ...



*Übung 59: Finden Sie die passende Beschreibung!*

| | |
|---|---|
| 1. campesino | ☐ opera a sus pacientes |
| 2. albañil | ☐ enseña en una escuela |
| 3. abogada | ☐ es un empleado del Estado |
| 4. maestra | ☐ se dedica a trabajar la madera |
| 5. fontanero | ☐ si tenemos algún problema con el agua en casa él es el adecuado |
| 6. carpintero | ☐ trabaja de empleado en una oficina |
| 7. farmaceútica | ☐ trabaja con clientes y les aconseja sobre leyes |
| 8. cirujana | ☐ construye casas y edificios |
| 9. funcionario | ☐ vende y prepara medicinas |
| 10. oficinista | ☐ trabaja en el campo |

Bea miraba fascinada a Raúl y se puso a reír.
El joven sabía contar historias ... Incluso aunque se inventara algunos de los detalles. Raúl siguió contando.
-El terrateniente pensó primero que eran sus propios caballos los que relinchaban asustados por la tormenta. Pero entonces empezó a escuchar cada vez más alto el ruido de herraduras.
El rico propietario miró afuera desde la ventana. Vio cómo un jinete vestido de negro saltaba de un caballo tan negro como la noche.
De repente, éste entró en la casa a través de la ventana. De un golpe rompió la gran cristalera y el cacique creyó que estaba delante del diablo en persona que venía a por él ...

*Übung 60: Verbinden Sie Wort und Definition!*

ÜBUNG 60 !

| | | |
|---|---|---|
| 1. cacique | ☐ | es el dinero que ganamos de alquilar nuestras tierras o propiedades |
| 2. cobrar | ☐ | es el ruido característico de un caballo |
| 3. arrendamiento | ☐ | forma de metal que se pone a los caballos en sus pezuñas para protegerlas |
| 4. cosecha | ☐ | frutos o cultivo que se recogen de la tierra: cosecha de patatas, de melones, etc |
| 5. mansión | ☐ | cantidad de dinero que se paga cada cierto tiempo por un local o tierras |
| 6. renta | ☐ | casa muy grande y lujosa |
| 7. relincho | ☐ | sueños malos o angustiosos |
| 8. herraduras | ☐ | hacerse pagar algo |
| 9. pesadillas | ☐ | persona que tiene influencia y muchas tierras y muchos trabajadores trabajan para él |

¡Pero no era otro que el Caballero Negro! Carlota sonrió. -Raúl, me das miedo. Luego voy a tener pesadillas por la noche. Tú no sabes si fue así.

Raúl rió.
-Pues claro que no lo sé, hermanita. Pero así me lo imagino.
-Bueno, sigamos: El cacique se puso pálido. Una voz como un trueno llenó la gran habitación. La figura negra le ordenó que devolviera el dinero a los campesinos y que en el futuro les pidiera rentas más bajas. Si no, volvería de nuevo.
El cacique miró fijamente a los brillantes ojos del caballero. El resto de la cara estaba cubierta bajo un pañuelo.

ÜBUNG 61

*Übung 61: Ergänzen Sie das Gegenteil!*
***(alejar, apagar, despreciar, dolor, extenso, odio, premio, retroceder, suavidad, vicio)***

1. placer ..........
2. avanzar ..........
3. castigo ..........
4. encender ..........
5. breve o pequeño ..........
6. amor ..........
7. apreciar ..........
8. acercar ..........
9. virtud ..........
10. dureza ..........

El hombre prometió hacer eso a la mañana siguiente sin perder tiempo. El caballero movió la cabeza afirmativamente y dándose la vuelta desapareció tan rápidamente como había aparecido por el ventanal roto.
-¡Qué miedo! -dijo Bea con un suspiro.
No sabía si estaba más fascinada por la historia o por los ojos oscuros de Raúl.
-Pero sigue, Raúl. Seguro que apareció en otras ocasiones, ¿no? -dijo Bea.
-Así es, Bea. Así es. Según la tradición apareció en las noches siguientes otras veces. Se presentó de sorpresa a otros terratenientes de la región y les pidió el dinero que habían quitado a los pobres campesinos.

-Entiendo -movió la cabeza García-. Una especie de Robin Hood. Como policía no puedo aceptar esa actuación pero me imagino que la gente pobre le adoraría.
-¡Claro, comisario! -Raúl hizo un pequeño descanso y se echó él mismo un poco de sopa caliente-. En pocos meses se convirtió en un héroe popular. No había semana en la que no hiciera una de sus visitas. Al menos eso es lo que cuenta la gente.

*Übung 62: Suchen Sie im nächsten Textabschnitt die Synonyme für diese Wörter!*
***(1. suponer, 2. aventuras, 3. querer mucho, 4. capturar, 5. huir, 6. levantar, 7. echar, 8. esconderse, 9. afirmar)***

ÜBUNG 62 !

-¡Fascinante! -murmuró Bea-. ¿ Y luego?
-Bueno, pueden imaginarse que la historia no tiene un final feliz. Las hazañas del Caballero Negro no gustaron nada ni a los terratenientes ni al Gobierno. Pusieron primero una recompensa alta por la cabeza del caballero.
Pero no sirvió de nada. La gente le adoraba y le protegía. Era igual la recompensa que fuera: nadie vendería al Caballero Negro.
Pero en otoño de aquel año el Gobierno envió a algunos soldados para atraparle. El caballero consiguió escaparse todas las veces. No sólo era muy bueno con la espada sino un excelente jinete.
-Pero entonces ...
-Déjame adivinar, Raúl -interrumpió el comisario-. Alguien le traicionó.
Raúl arrugó la frente. -¿Cómo lo sabe, comisario?
García alzó los hombros ...
-Como experto en arte conozco algo de historia. Y estas cosas pasan constantemente.
Raúl afirmó con la cabeza. -Desgraciadamente tiene razón. Un noble

pobre de la región hizo decir que el Gobierno quería echarle de sus tierras. Pidió ayuda al caballero.
El enmascarado aceptó ayudarle. El noble, que según la tradición se llamaba Miguel Tirado, le pidió encontrarse con él por la noche.
En una planicie allá en los montes le quería pedir ayuda. Pero cuando llegó el Caballero Negro había soldados esperándole. Era una emboscada.
El caballero negro se defendió valerosamente.
Nadie sabía usar la espada tan bien como él. Pero el traidor, al ver que el caballero era tan bueno con la espada se ocultó tras un árbol y con una pistola le hirió en el hombro. Como saben, "Tirado" debe venir de "tirador".
El comisario García asintió con la cabeza.

-"Tirado" es un frecuente apellido castellano -le aclaró a Bea-. En España como en otros países europeos el apellido tenía muchas veces relación con la profesión o alguna característica de la persona.
Raúl asintió y siguió con la historia.
-El Caballero Negro estaba malherido. Con una herida en el hombro no tenía ninguna posibilidad contra los soldados.
Con las últimas fuerzas alejó a su caballo para que no lo mataran a él también. Luego evitó las espadas de los soldados por última vez y . . .
Y se arrojó al precipicio desde las rocas.
-¡Qué horrible! -susurró Bea.
Raúl había contado con tanta pasión la historia que Bea veía como en una película lo que había pasado.
-Si, es horrible, pero el Caballero Negro no quería ser encarcelado. Para él era más importante que no se supiera quién era en realidad que su vida -respondió Raul.
-Quizas temía por su familia. Los soldados intentaron evitar que saltara, pero demasiado tarde. El caballero cayó al río -continuó él.
-No se encontró jamás su cuerpo.

*Übung 63: Welches Wort ist das „schwarze Schaf"? Unterstreichen Sie!*

1. comisario, placa, tapa, esposas, delincuente
2. venda, ambulancia, pescado, médico, herida
3. caballero, linterna, caballo, espada, pañuelo
4. café, mermelada, tostadas, sopa, galletas
5. naranjas, manzanas, tomates, ciruelas, fresas
6. embrague, acelerador, limpiaparabrisas, gafas, rueda
7. sol, playa, paraguas, leche solar, toalla
8. pensión, hotel, cámping, cárcel, albergue
9. cena, desayuno, picnic, almuerzo, merienda
10. montaña, valle, puente, alto, sierra

Tras unos segundos de silencio, Bea dijo: -Es una historia impresionante pero eso no aclara por qué se nos apareció alguien vestido de Caballero Negro.

-Quizás sí -dijo Carlota-. La historia sigue.

-Tras tirarse a la muerte no se volvió a oír nada más del Caballero Negro. Pasó un año y casi se le había olvidado. Pero una noche apareció de nuevo. Como si no hubiera pasado nada siguió quitando a los ricos para ayudar a los pobres.

Y esta vez no se dejó engañar por el Gobierno. Desde entonces el Caballero Negro apareció siempre que ocurría alguna injusticia.

El comisario arrugó la frente. -Eso sí que es extraordinario. ¿Quieres decir que ese caballero no sólo consiguió librarse de la muerte, sino que se hizo inmortal? ¿O qué es un espíritu vengador?

Carlota alzó los hombros. -No lo sé, comisario. Pero aparece una y otra vez. Ustedes lo han visto, ¿no?

-¡Sí. Y nos ha dado un susto de muerte! -añadió Bea.

Sonaron las doce en el viejo reloj.

Raúl recogió los platos de sopa vacíos y los puso en el fregadero.

-El Caballero Negro ha vuelto -dijo con rostro serio. -Y eso no es todo ...

-¿Qué quieres decir? -preguntó José.

Se había creado un aire tenso y un tanto extraño en la habitación.

-El Caballero Negro ha vuelto -susurró Carlota-. ¡Pero esta vez ... esta vez del lado del Mal!

ÜBUNG 64 !

*Übung 64: Verbinden Sie die Sätze mit gleicher Bedeutung!*

| | |
|---|---|
| 1. Marisa es muy **tacaña** con sus hijos. | a) ☐ por poco |
| 2. Le he **echado** al libro sólo **un vistazo**. | b) ☐ no veo nada |
| 3. No estoy **acostumbrada** a este calor. | c) ☐ no fue muy agradable |
| 4. Nos libramos de un accidente **por los pelos.** | d) ☐ no les da nunca dinero |
| 5. No veo **tres en un burro**. | e) ☐ lo miré superficialmente |
| 6. Ayer tuvimos **un viajecito** bueno. | f) ☐ no estoy habituada |

A la mañana siguiente el comisario miró por la ventana.

El temporal había pasado y el sol primaveral brillaba sobre el valle y pintaba las casas del pueblo de un color cálido e intenso.

José había dormido magníficamente después del viajecito de ayer. Estaba como nuevo. Ni se acordaba del brazo dañado.

Sonó la puerta. Era Bea.

-José -dijo-. ¿Estás despierto? ¡Huele tan bien a tostadas y a café! ¡Date prisa o me como todo! ¡Estoy muerta de hambre!

José sonrió. -Baja tú, Bea. Yo voy en diez minutos. Tengo que afeitarme.

En menos de diez minutos bajaba el comisario a la cocina.

Bea y Raúl estaban en la mesa y Carlota hacía algo en la cocina. El café humeaba en las tazas. Había tostadas, mantequilla, mermelada y zumo de naranja.

-Espero que haya suficiente -dijo Carlota sonriendo-. Si queréis, os hago unas tostadas con aceite. ¿Os apetece un poco de jamón serrano nuestro?

-¡No te preocupes! Con eso que hay sobra para todo el día. ¡Gracias!

-¡Está todo buenísimo! -añadió Bea entre dos mordiscos-. ¡Desde luego mucho mejor que los desayunos de plástico que ponen en los hoteles!

-¡Muchas gracias! ¡Me alegro de que os guste tanto!

¡Vaya que sí les gustaba!

Con toda tranquilidad desayunaron los dos.

Carlota y Raúl les contaron algo de la historia de Valdepaz.

El Caballero Negro no era lo único que tenía para ofrecer la región. Además de muchos edificios históricos estaban también las ruinas del antiguo monasterio en la falda del monte.

También allí, decía la gente, pasaban cosas raras ...

*Übung 65: Wie kommen Sie in der Küche zurecht? Was ist was?*

| | | |
|---|---|---|
| 1. fregadero | ☐ | muy necesaria para tomar sopa |
| 2. abrelatas | ☐ | sirve para abrir conservas |
| 3. sartén | ☐ | recipiente para el pan por ejemplo |
| 4. olla | ☐ | con él podemos limpiarnos las manos |
| 5. cuchara | ☐ | se usa para tostar pan |
| 6. paño | ☐ | sirve para cortar |
| 7. cesto | ☐ | en ella se puede cocer o hervir |
| 8. grifo | ☐ | por él sale el agua |
| 9. cuchillo | ☐ | en él se lavan cosas |
| 10. tostadora | ☐ | objeto para freír alimentos |
| 11. horno | ☐ | en él se pueden hacer pasteles |

-Eso me recuerda también a algo conocido -dijo el comisario con cierta ironía mientras se limpiaba con una servilleta-. ¿Aquí no hay alguna leyenda de un tesoro oculto en algún lugar de las ruinas?

Raúl afirmó con la cabeza.

-Sí. Pero eso es otra historia. La provincia de Valencia estuvo dominada durante mucho tiempo por los moros que habían llegado a principios del siglo VIII a la península.

-Según la leyenda -continuó Raul-, el monasterio tenía enormes riquezas. Los monjes y la gente del lugar hicieron todo lo posible para protegerlas de los árabes.

Bea lo miraba interesada.

-¿Ah sí? ¿Qué tipo de tesoro era ese? ¿Qué pasó con él?

Carlota alzó los hombros.

-Hoy día no se acuerda nadie. Los monjes hicieron buen trabajo. El tesoro se considera desaparecido y hasta hoy no lo ha encontrado nadie. A lo mejor es todo sólo una leyenda.

El comisario García miró pensativo hacia su taza de café.

-El Caballero Negro también era una leyenda y, sin embargo, parece ser muy real ... -dijo García, tomando un sorbo de café.

A Bea le olía algo raro.

-¿No querrá buscar el tesoro también, José?

El comisario negó con un gesto.

-No te preocupes. No hemos venido para eso. Lo que deberíamos es empezar a buscar al policía desaparecido.

-Ya me imaginaba yo que venían para eso -sonrió Carlota.

El comisario García acabó el café.

-¡Buffff! ¡Voy a explotar! ¡Estaba todo buenísimo! Menos mal que no puedo usar el brazo izquierdo, si no, hubiera comido el doble -bromeó el policía.

-¡Muchas gracias por el cumplido! Se lo diré a Raúl -respondió Carlota.

*Übung 66: Ordnen Sie die Häufigkeitsangaben von selten bis häufig!*
***(constantemente, a veces, una vez por semana, casi nunca, de vez en cuando, jamás, siempre, casi todos los lunes, pocas veces, raramente, nunca, dos veces al año, cada hora, todos los miércoles)***



jamás, ____________________

____________________

____________________

____________________

-Él me ayudó también a prepararlo. Algo no muy habitual ...
Raúl rió y dijo desde le pasillo ... -¿Qué otra cosa puedo hacer para no tener problemas contigo?
El comisario asintió.
¡Carlota era tan bonita! ¡Y además tan segura de sí misma!
-¡Sabéis algo del policía desaparecido? ¡Algún rumor en el pueblo?
-¿Lo que se oye por ahí? -preguntó Bea-. Creo que se llama Héctor Ramírez, ¿no?
Carlota y Raúl se miraron.
-Mucho no podemos deciros de Ramírez, me temo -contestó Raúl finalmente-. No hemos tenido mucha relación con la policía hasta ahora, gracias a Dios.
-Ramírez vivía solo y no se relacionaba mucho con el resto de la gente -añadió Carlota-. No era una persona muy sociable.

*Übung 67: Ergänzen Sie das passende Adjektiv!*
***(egoísta, extrovertido, pedante, cariñoso, tacaño, pesado, gracioso, fría, ordinarios, listillo, introvertido)***



1. Fernando no tiene problemas en hablar con cualquiera. Es muy ____________________.

2. En cambio, su hermano Federico no tiene casi amigos y prefiere estar solo. Es un chico bastante ________________.
3. Lorenzo siempre tiene que demostrar que sabe de todo: es muy ________________. Bueno, más que eso, es un ________________ porque luego no sabe nada realmente.
4. Lores es una persona muy ________________: no muestra nunca sus sentimientos. En cambio, su novio, Pepe, es super ________________: siempre está abrazándote y besándote.
5. Lo que pasa es que Tomás es un ________________. Es que sólo es capaz de pensar en sí mismo.
6. ¡Yo no salgo más con Raúl! ¡Nunca paga nada! ¡Es un ________________!
7. Roberto es un ________________: ¡siempre está contando lo mismo! Además se cree muy ________________ porque no hace más que contar chistes que no tienen gracia y además son muy ________________.

-Cuando no estaba de servicio no se le veía mucho por la calle. Prefería quedarse en casa.
-Eso sí -siguió Raúl-, le he visto muchas veces en la biblioteca. Le interesaban mucho la historia del pueblo y sus antepasados. No sé más, lo siento. En un lugar tan pequeño todos nos conocemos. Pero creo que no he hablado ni una vez con Ramírez en toda mi vida -dijo Raúl.
-Entiendo -contestó García-. ¿Podríais hacernos un favor y decirnos cómo llegar a su casa?
-¡Claro que sí! Podéis ir a pie si queréis. Mirad. Salís de la puerta y vais a la izquierda. Tras el cruce viene una calle perpendicular. La tercera o cuarta casa a mano derecha es la casa de Ramírez. No sé exactamente.

Bea movió la cabeza.
-¡Muchas gracias! ¡Ya la encontraremos! Sois muy amables y una gran ayuda, de verdad. ¿Vamos, comisario?
-¡Con gusto! -respondió García-. Subo un momento a la habitación a coger la chaqueta y nos vamos. ¿Vale?

*Übung 68: Vervollständigen Sie diese Beschreibung von Valdepaz und seiner Umgebung!*
***(paisaje, provincias, curvas, árabes, naturaleza, idioma, costa, artesanía, región)***

ÜBUNG 68 !

Valdepaz es, a pesar de su tamaño, una "villa", que es algo más que un pueblo por privilegios reales.
Está en la Comunidad Autónoma Valenciana, en la provincia de Castellón. Las otras dos 1. ________ de esta comunidad son Valencia, donde está la capital Valencia, y Alicante, más al sur.
En esta zona vivieron griegos, fenicios, cartagineses y romanos antes de llegar los 2. ________ en el siglo VIII. Estos últimos trajeron los sistemas de riego, la 3. ________ y el comercio, tan importantes en la economía actual de esta comunidad que produce sobre todo cerámica, frutas y verduras.
Un ejército catalán conquistó de nuevo estas provincias que eran zona de frontera y de constantes luchas entre cristianos y musulmanes. De su 4. ________, el catalán, nació el valenciano, una variante, muy hablado en la actualidad en toda la Comunidad.
La población se concentra en la 5. ________, con ciudades como Valencia, Alicante y Cartagena y modernos centros turísticos como Benidorm o Denia.

En el interior el 6. ______________ es montañoso: cuanto más subimos hacia el norte más montañoso es.

Valdepaz está en la región del Maestrat, en el interior de Castellón, una 7. ______________ especialmente montañosa con pequeños valles encerrados por diversas cordilleras con pequeñas carreteras llenas de 8. ______________ y muy pintorescos pueblos y pequeñas ciudades con mucha historia y lugares de interés.

Lo que más nos impresiona de esta región es su 9. ______________ prácticamente intacta con fértiles valles al lado de enormes precipicios y viejas montañas redondas.

Diez minutos después bajaban Bea y José por la calle.

Era una preciosa mañana de primavera.

Al mediodía haría otra vez calor pero ahora venía un vientecillo de los montes que a García le daba incluso un poco de frío.

-¿Qué te parecen los chicos de la pensión? -preguntó Bea-. Son supersimpáticos y muy amables, ¿verdad?

-Es verdad. Me alegro de haber elegido su pensión por Internet. Además saben mucho de la historia del lugar. Muchísimo.

Bea miró al comisario sorprendida. ¿Qué quería decir con esa última frase?

Antes de poder preguntarle, José señaló hacia una casa pequeña al lado derecho de la calle.

-Supongo que debe de ser ésta -dijo él.

Preguntaron a una vecina que se lo confirmó y se metió rápidamente a su casa.

*Übung 69: Was wird hier erklärt? Verbinden Sie!*

| | | |
|---|---|---|
| 1. timbre | ☐ | juntar algo que está disperso |
| 2. horquilla | ☐ | por vergüenza o en situaciones incómodas la cara se pone roja |
| 3. recoger | ☐ | pequeño objeto metálico que sirve para sujetar el pelo |
| 4. suelto | ☐ | dar algo de vuelta a alguien |
| 5. sonrojarse | ☐ | poner derecho o recto algo que está doblado |
| 6. cerradura | ☐ | objeto en la puerta para avisar que hay alguien |
| 7. destreza | ☐ | persona especializada en poner o arreglar cerraduras |
| 8. devolver | ☐ | parte en una puerta que sirve para cerrarla y necesita una llave |
| 9. enderezar | ☐ | algo que está libre. Lo contrario de recogido |
| 10. cerrajero | ☐ | cuando sabemos hacer algo bien la tenemos |

En la puerta había un timbre.
-No tiene mucho sentido llamar, ¿no? -dijo García-.
Bea, ¿tienes una horquilla para el pelo?
-¿Una horquilla? ¡Claro! ¿Pero para qué la quieres?
Bea llevaba algunas horquillas recogiendo su pelo rubio.
Se quitó una de ellas y algunos mechones cayeron sobre sus hombros.
Se la dio al comisario.
-Deberías llevar el pelo suelto -dijo José-. ¡Te queda muy bien!
-Gracias, comisario -respondió Bea sin poder evitar sonrojarse un poco.
-Pero, ¿para qué quiere la horquilla?
García ya estaba doblando la horquilla y la iba a meter en la cerradura.
-¿Sabes, Bea? Antes de entrar en la policía hice un curso de restauración artística. Hace mucho, mucho tiempo y parece que no he

perdido del todo mi destreza manual. Vamos ... a ver ... si ... consigo ... abrir ... esta maldita cerradura.

Apenas había terminado de hablar sonó la puerta.

-Adelante de tí -dijo García y le devolvió a la sorprendida Bea la horquilla otra vez enderezada pero inutilizable.

Bea entró un poco dudosa.

-¿Es esto legal? -preguntó no muy segura.

-En este caso sí -la tranquilizó José-. Tengo del jefe de policía una orden de registro.

-La verdad -continuó García-, es que debería haber llamado a un cerrajero. Pero así es más rápido.

Bea asintió dándole la razón.

-Eres una persona llena de sorpresas -le dijo.

El comisario sonrió y miró a su alrededor.

La casa era sencilla y estaba muy ordenada y limpia. Un pequeño pasillo conducía a la cocina y a la izquierda a un pequeño cuarto de estar. Una escalera subía hacia el primer piso.

ÜBUNG 70 !

*Übung 70: Sortieren Sie diese Objekte in das richtige Zimmer!*
***(ollas, cubiertos, champú, vajilla, abrelatas, llavero, mesita de noche, tostadora, paños, cómoda, pijamas, pasta de dientes, papel higiénico, sacacorchos, maquinilla de afeitar, percha para la ropa, zapatero, sartenes, armario, televisión, cepillo de dientes, toallas, equipo de música, sillones, sofá, estanterías, mueble-bar, gel, cepillo para la ropa)***

1. cocina: ..................

..................

2. dormitorio: ..................

..................

3. baño: ______________________________

______________________________

4. pasillo: ______________________________

______________________________

5. salón o cuarto de estar: ______________________________

______________________________

El comisario y Bea entraron primero en la cocina. También estaba muy limpia y ordenada.
Pero en la mesa había un desayuno completo: una taza de café frío desde hacía mucho tiempo y en un plato una tostada con mermelada con una cultura interesantísima de hongos.
Parecía como si Ramírez hubiera dejado la casa de repente. Como si lo hubieran raptado.
Pero no se veían señales de lucha.
-¿Crees que se ha ido por sí mismo de casa, José?
García hizo un gesto de duda.
-No lo sé todavía, Bea. Vamos a ver otra vez el cuarto de estar.

*Übung 71: Welches Wort ist das „schwarze Schaf"? Unterstreichen Sie!*

ÜBUNG 71 !

1. ducharse, peinarse, maquillarse, planchar, afeitarse
2. agua, limonada, gaseosa, cerveza, tónica
3. corbata, blusa, ordenador, camisa, falda
4. valle, montaña, río, plaza, lago
5. mes, semana, tarta, siglo, hora
6. espuma de afeitar, sujetador, bolso, blusa, horquilla
7. radio, coche, equipo de música, vídeo, televisión

Bea y el comisario dejaron la cocina y entraron en el pequeño cuarto de estar.
Estaba algo oscuro.
La única ventana estaba cubierta con una cortina gruesa.
Había además un sofá y, delante, una tele y entre ellos una mesita de cristal con una revista de programación televisiva.
-Parece que nuestro compañero se interesa mucho por la Historia -dijo García, señalando con la cabeza hacia una estantería llena de libros sobre la región.
Además de muchos libros nuevos había también algunos bastante viejos encuadernados en cuero y bien gruesos.
El comisario sacó un libro que parecía especialmente viejo y lo abrió.
Las hojas amarillas hablaban de la historia del monasterio en el valle.
El comisario movió la cabeza pensativo y devolvió el libro a su sitio.
Había muchos libros que trataban del monasterio cercano.
-¡Mira! -dijo Bea.
Le mostró un pequeño libro con las tapas amarillentas que estaba bajo la revista en la mesita de cristal.
Parecía como si alguien lo hubiera escondido deprisa allí.

*Übung 72: Ergänzen Sie den Text!*
***(curiosidad, desaparición, señales, montón, violencia, descubrirás, raptado, cortina)***

El comisario tomó el libro: “Historia y Leyendas del Caballero Negro” era su título.
En el interior había un grabado del caballero.
-Se parece de hecho al tipo que nos encontramos ayer en la carretera -susurró Bea.
-Es cierto -le dio la razón José-. Y es muy curioso el gran interés que parece tener nuestro compañero por este jinete.

-¿Crees que hay alguna relación entre la (1. Verschwinden) __________ y la reaparición del caballero?

-Como ya te dije, Bea, me sorprendería si no hubiera ninguna relación.

Bea se quedó pensativa.

-Sería posible -dijo luego-, que Ramírez supiera algo de la identidad del Caballero Negro ... Siempre y cuando no sea un fantasma.

-De eso último estoy más que seguro -dijo José.

-Pero si le han raptado debería haber (2. Zeichen) __________ de lucha, ¿no? -preguntó Bea y miró alrededor en busca de esas señales. El salón estaba impecable, como el resto de la casa. Todo limpio y ordenado.

No había señal alguna de violencia o lucha.

A no ser que ...

Al mismo tiempo se dirigieron Bea y el comisario hacia la pesada (3. Vorhang) __________. Bea llegó antes y la corrió a un lado ...

La ventana daba a un pequeño jardín tras la casa. No se veía la calle. El cristal estaba roto.

Había un (4. Haufen) __________ de trozos de cristal en el jardín que brillaban al sol.

-Ahí tenemos nuestras señales de (5. Gewalt) __________ -dijo Bea-. Parece como si hubieran (6. entführt) __________ a Ramírez.

El comisario asintió pensativo ...

-Estoy seguro de que nuestro compañero sabe mucho de lo que está pasando aquí -dijo finalmente-. Pero no estoy tan seguro de si lo han raptado. Hay algo que no cuadra.

-¿Qué es loque no cuadra? -preguntó Bea con (7. Neugier) __________. García le sonrió.

-Mira con atención y lo (8. wirst entdecken) __________ tú misma …

Bea miró al comisario sin saber qué tenía que mirar.
-No sé qué es lo que quiere -dijo por fin-. Parece que el raptor entró por la ventana y le raptó, ¿no? -añadió Bea.
-Así parece -respondió García-. O mejor, así debe parecer. Mira otra vez los cristales rotos, Bea querida.
-¿No lo ves? -dijo García con paciencia.
Bea pensó: -¿Qué diablos quería decir el comisario?- Los cristales estaban en el suelo delante de la ventana.
-¡Un momento!
-¡Exacto! ¡Eso mismo era! ¡Estaban delante de la ventana!
-¡Tienes razón! -gritó Bea-. ¡¡Si alguien hubiera entrado desde fuera, los cristales estarían dentro, no fuera!!
El comisario sonrió satisfecho.

! ÜBUNG 73

*Übung 73: Fügen Sie das passende Wort ein!*
***(sangre, músculos, estómago, hígado, articulaciones (rodilla, codos, muñecas), pierna, pulmones, corazón)***

1. Luisito se cayó esquiando y se rompió una __________.
2. Mi abuela tiene artritis y le duelen las __________.
3. Fumar no es nada bueno para los __________.
4. Hoy he ido a donar __________ a la Cruz Roja.
5. Ayer fuimos a las montañas y anduvimos muchísimo, por eso hoy me duelen los __________. Tengo agujetas.
6. La comida demasiado picante no es buena para el __________.

7. El exceso de alcohol produce daños sobre todo en el

_____________ .

8. El vecino tuvo ayer un infarto. Tuvieron que operarle del

_____________ .

-¡Justo! Alguien ha golpeado la ventana desde dentro. Alguien que estaba en la casa. Tenía que parecer como si alguien hubiera entrado en casa por la ventana.
-¿Quieres decir que Ramírez ha escenificado su rapto él mismo? ¿Pero por qué? ¿Qué consigue él con todo eso?
-Eso no lo sé todavía, Bea. Pero si nuestra hipótesis es correcta, Ramírez debía tener alguna razón para desaparecer.
Bea miró hacia el libro sobre el Caballero Negro que había encontrado bajo la revista.
-¿Piensas que el Caballero Negro tiene algo que ver? Quizás había llegado a saber quién es.
El comisario alzó los hombros.
-Es posible. Pero es demasiado pronto para hacer tales deducciones. Deberíamos ...

*Übung 74: Vervollständigen Sie!*

ÜBUNG 74 !

1. Matemáticas y Química son _____________ .
2. García y Schramm son _____________ .
3. Metros, gramos y kilos son _____________ .
4. El Everest y el Mont Blanc son _____________ .
5. La rosa y la margarita son _____________ .
6. El oro, la plata y el cobre son _____________ .
7. Las golondrinas, los gorriones y las cigüeñas son

_____________ .

8. Ana y Martín son ______________________.

9. El invierno y el verano son ______________________.

El comisario no terminó la frase. El móvil en su bolsillo empezó a sonar.
García lo sacó.
En la pantalla había un número que no conocía.
-¿Sí? ¡Dígame! García al teléfono.
Una voz conocida sonó al final de la línea.
García necesitó un segundo para saber quién era.
-Hola comisario -dijo la voz-. Soy Raúl Rodríguez, perdone que le llame pero debe venir en seguida.
El comisario frunció el ceño.
-Con mucho gusto, Raúl. Pero ¿dónde está?
-¡Oh! Perdone. Estoy todavía un poco confundido ... Estoy en el despacho del alcalde ... En ... En el ayuntamiento.
-Entiendo, Raúl. Tranquilícese. ¿Qué ha pasado?
Al otro lado de la línea Raúl respiró profundamente.
Parecía estar realmente nervioso.
-Mire usted: Esta mañana tenía una cita con el alcalde. Quería hablar con él sobre la compra de un caballo, ¿sabe usted? Mi hermana y yo criamos caballos también.

ÜBUNG 75 !

*Übung 75: Ergänzen Sie die Namen der Geschäfte!*
***(estanco, taller, farmacia, ferretería, oculista, herboristería, papelería, ebanistería/carpintería, veterinario, cerrajería)***

1. Si necesito comprar medicinas, voy a la ______________________.
2. Si quiero tabaco o sellos, busco un ______________________.
3. Cuando necesito alguna herramienta, un clavo o cable, tengo que ir a una ______________________.

4. Si mi coche tiene problemas, lo llevo a un ______________________.

5. Si no veo bien, iré a un ______________________.

6. Si necesito productos dietéticos, busco una ______________________.

7. Si necesito bolígrafos o cuadernos, voy a una ______________________.

8. Si necesito hacer una llave, buscaré una ______________________.

9. Si quiero que me hagan muebles, iré a una ______________________.

10. Cuando mi perro necesita vacunarse, lo llevo al ______________________.

-Eso no lo sabía, Raúl. Pero ¿qué hay de malo en ello?
Raúl dudó unos segundos ...
-Cuando llegué al ayuntamiento ... antes de empezar el horario al público, por eso no había casi nadie ... encontré al alcalde atado en su despacho.
-¡Le atacaron anoche! -añadió Raúl bastante nervioso.
-¡Pero eso es increible! -comentó el comisario-. ¿Está herido?
-No -respondió Raúl-, gracias a Dios no está herido. El malhechor sólo le tiró al suelo y le ató.
-Bien. Quédese donde está, Raúl, y si es posible no toque nada. Vamos para allá.
García apretó el botón y se volvió a guardar el móvil en el bolsillo. Bea le miraba sin saber qué pasaba.

ÜBUNG 76 !

*Übung 76: Was braucht man wozu? Verbinden Sie!*

| | |
|---|---|
| 1. Para atar algo necesitamos | ☐ agua |
| 2. Para arreglar algo necesitamos | ☐ un paño |
| 3. Para cortar necesitamos | ☐ tijeras o cuchillo |
| 4. Para pegar necesitamos | ☐ una cuerda |
| 5. Para regar necesitamos | ☐ herramientas |
| 6. Para secar necesitamos | ☐ pegamento o cola |
| 7. Para fregar necesitamos | ☐ dinero o tarjeta de crédito |
| 8. Para pintar necesitamos | ☐ agua y detergente |
| 9. Para comprar necesitamos | ☐ pinceles y pintura |

-¿Qué pasa, comisario?
-Oh, nada -respondió el comisario-. Sólo que Valdepaz intenta superar el número de delitos de Barcelona.
Los habitantes de Valdepaz se quedaron muy sorprendidos al ver correr por las calles a Bea y al comisario García preguntando cómo llegar al ayuntamiento.
Afortunadamente el pueblo era pequeño y ya habían pasado por el ayuntamiento a su llegada.
Estaba al final de la plaza. Así es que lo encontraron fácilmente.

ÜBUNG 77 !

*Übung 77: Ergänzen Sie die richtige Präposition!*

1. En este hospital nos ocupamos ____________ enfermedades del corazón.
2. Todavía no hemos terminado ____________ contar el dinero.
3. Mañana empezaremos ____________ ir a la universidad.
4. Todo depende ____________ vosotros.
5. Si nos necesitas, cuenta ____________ nosotros.
6. ¡Tienes que dejar ____________ llorar!

7. Este ejercicio consiste ____________ poner la preposición correcta tras el verbo.
8. ¿Que mi hermano está enamorado ______________ Mara? ¡No me lo creo!
9. Yo voy al trabajo siempre ________________ bici.

Ya habían llegado los primeros empleados del ayuntamiento y estaban todos reunidos a las puertas del despacho del alcalde.
Todos miraban al interior de la habitación con curiosidad.
-¡Déjennos pasar! -gritó García y sacó su placa de policía.
-Somos de la policía.
-Vuelvan a su trabajo, por favor -añadió Bea-. Ya nos ocupamos nosotros de todo.
Muy a su pesar se deshizo la pequeña multitud.
Bea y el comisario García entraron en el despacho del alcalde.
Tras un gran escritorio estaba sentado un hombre gordito con bigote.
Raúl estaba de pie a su lado y se alegró de ver al comisario y a Bea.
-¡Por fin han llegado! -dijo Raúl. Entonces se dirigió al alcalde.
-Estos son el comisario García y su ayudante Bea Schramm de Barcelona. Están sólo de vacaciones ... pero de momento son los dos únicos policías en Valdepaz.

*Übung 78: Ergänzen Sie den Oberbegriff!*
***(deportes, muebles, especias, animales salvajes, medicinas o medicamentos, verduras, peces, bailes, animales domésticos, vehículos, cereales)***



1. El fútbol, el tenis y el esquí son ________________________.
2. Una cama o una mesa son ________________________.
3. La salsa o el vals son ________________________.

4. La pimienta y la vainilla son ______.
5. La aspirina, la inyección y el supositorio son ______.
6. El trigo, la cebada y la avena son ______.
7. Las judías y las espinacas son ______.
8. El tigre, el elefante o la jirafa son ______.
9. El perro, el gato o la vaca son ______.
10. El atún, el tiburón o la sardina son ______.
11. Un coche, un autobús, una bici son ______.

-¡Jamás me había alegrado tanto de ver a unos turistas! -sonrió el alcalde. Aún un poco débil se levantó y saludó a Bea y a García.

-Soy Fernández, el alcalde.

-Quédese sentado -le dijo Bea. El hombrecillo estaba todavía pálido del shock.

-Muy bien -dijo él-. Pero he estado sentado aquí toda la noche. Ese malvado me ató a la silla, ¿saben?

El comisario echó un vistazo por la habitación.

El pequeño despacho del alcalde estaba ordenado.

No había ninguna señal de lucha.

-¿Qué ha pasado, señor alcalde?

El alcalde alzó los hombros.

-La verdad es que no les puedo decir exactamente lo que pasó -respondió.

Se abrió la puerta y una secretaria trajo una bandeja con café humeante.

El alcalde sonrió.

-¡Fantástico! Es justo lo que necesito. No he cerrado un ojo en toda la noche, naturalmente -dijo.

*Übung 79: Setzen Sie ein!*
***(hace, desde hace, desde que, desde)***

1. Yo vivo aquí __________ catorce años.
2. Yo vivo en Barcelona __________ 1997.
3. Mi mujer y yo vivimos en Sevilla __________ 10 años.
4. __________ tres meses que trabajo en esta empresa.
5. Trabajo en este banco __________ el pasado enero.
6. __________ trece años que me fui de Estados Unidos, es decir, en 1990.
7. __________ que no fumo he engordado 3 kilos.

El alcalde Fernández interrumpió su narración hasta que la secretaria les hubo servido el café.
-¿Quieren algo más? -preguntó la chica amistosamente.
El alcalde negó con la cabeza.
-No, muchas gracias. ¡Es usted un ángel, señorita Cortés!
La secretaria sonrió y se fue del despacho.
El alcalde tomó un sorbo de café.
-¡Ah, qué rico! Anoche pensé que no volvería a disfrutar de nada igual. Bueno, ¿dónde me había quedado? ¡Ah, sí! Ayer por la tarde me quedé hasta tarde en mi despacho para terminar un par de asuntos.
-Fuera empezó una tormenta horrible -continuó el alcalde-. Al principio no me preocupé de ella. Aquí suelen ser bastante frecuentes en esta época del año. Pero poco después, de pronto cayó un rayo cerca de aquí.
-Sonó fortísimamente y me asusté un poco. La luz se fue. Me quedé un par de segundos en completa oscuridad.
-Es cierto -afirmó Raúl-. Recuerdo que ayer se fue la luz durante unos momentos.
El alcalde siguió contando.

*Übung 80: Finden Sie die spanische Übersetzung!*
***(1. Kerze, 2. Dunkelheit, 3. Schreck, 4. Eindringling, 5. Seil, 6. Gürtel, 7. Wand, 8. Trick, 9. Glückwunsch!, 10. Büro)***

-Exacto. Iba a buscar una vela, cuando volvió la luz. Menos mal, me dije ... De repente vi que había alguien de negro delante de mí. Había aparecido de pronto como un espíritu.

-Posiblemente no lo vio usted en la oscuridad, señor alcalde -señaló García-. Y con los truenos fuera seguro que tampoco lo oyó.

-Puede ser -afirmó el alcalde moviendo la cabeza. Pero no parecía estar del todo convencido con esa explicación-. En cualquier caso me dio un susto mortal.

-Eso puedo entenderlo -dijo Bea, acordándose de cómo había aparecido el Caballero Negro ayer en la carretera. La verdad es que había sido terrorífico. Y eso que estaba más alejado que en este caso.

Entonces se quedó pensativa.

El Caballero Negro en la calle, la tormenta, el intruso en el despacho del alcalde ...

Había algo raro en todo esto.

Antes de seguir pensando, continuó el alcalde su narración.

-Antes de poder empezar a pedir ayuda, ya se había echado sobre mí ese caballero negro. Sacó una cuerda de su cinturón y me ató a la silla.

-Después -continuó el alcalde-, me tapó la boca con mi propia corbata. ¡Y además con mi corbata favorita!

-¿Y luego? -preguntó Raúl- ¿Se llevó algo?

-¡Que sí se llevó! -respondió el alcalde.

-¡Un momento! Déjeme adivinar -dijo García-. Se llevó un cuadro que había en la pared.

El alcalde miró sorprendido al comisario.

-¿Cómo sabe usted eso? -le preguntó.

-Oh, es un pequeño truco -le respondió García sonriendo-. Al entrar he

visto una parte de la pared más clara, como si hubieran quitado un cuadro.
-¡Enhorabuena! -sonrió el alcalde-. Es usted muy buen observador.
-Y tiene razón -añadió-. El Caballero Negro sólo se llevó ese cuadro y nada más. Raúl, tu has estado muchas veces en mi despacho y sabes cómo es el cuadro.
Raúl asintió con seriedad.

*Übung 81: Übersetzen Sie!*

1. die Hälfte ..............................
2. ½ Kilo ..............................
3. das Doppelte ..............................
4. das Dreifache ..............................
5. 1/3 ..............................
6. 25% ..............................
7. 1,5 Liter ..............................

ÜBUNG 81 !

-Por supuesto. El arabesco azul.
-¿El arabesco azul? Qué es eso? -preguntó Bea totalmente perdida.
El comisario sabía naturalmente que los arabescos eran una forma de arte árabe.
La religión prohibe a los musulmanes representar a personas. Por eso habían creado con el tiempo un increíble arte de realizar complicadísimos dibujos florales.
Es un arte único. Pero García no sabía qué podía pasar con ese arabesco en particular.
-¿Qué clase de arabesco era? -preguntó-. ¿Es especialmente valioso?
-Eso no se podría decir -respondió Raúl en lugar del alcalde-. Aunque para nosotros tiene un valor afectivo muy grande.
-¿Para nosotros? -preguntó Bea sorprendida.

*Übung 82: Es geht um Kunstbegriffe. Ordnen Sie zu!*
***(ceras, desnudo, óleo, cuadro, acuarela, grabado, retrato, paisaje)***

1. Gemälde ..............................
2. Radierung ..............................
3. Aquarell ..............................
4. Ölgemälde ..............................
5. Portrait ..............................
6. Landschaft ..............................
7. Akt ..............................
8. Wachs ..............................

-Bueno -dijo el alcalde-, es que el arabesco azul que colgaba sobre mi escritorio era sólo un cuarto de todo un cuadro. Hace más de mil años lo pintó un artista local. Según las reglas del arte árabe lo pintó sobre un gran pergamino.
-¡Qué extraordinario! -dijo García.
-¡Efectivamente! Y eso no es todo.
-Justo cuando se terminó -siguió-, se partió el arabesco en cuatro partes iguales y se dio a cuatro familias nobles de la villa. Aunque en aquella época Valdepaz no era más que una pequeña aldea de cuatro casas cerca del monasterio.
-¿Y para qué todo eso? -preguntó Bea-. ¡Por qué pinta alguien un arabesco tan complicado para cortarlo después?
El alcalde alzó los hombros.
-Eso ya no lo sabe nadie. Pero según la leyenda el arabesco tiene algo que ver con el tesoro perdido del monasterio.
-Sí, algo de eso había leído -dijo García-. Pero sigo sin entender qué tiene que ver la aparición del Caballero Negro con ese arabesco.

-Exacto -dijo Bea-. ¿Y por qué roba el Caballero Negro de pronto obras de arte? Por lo que he oído de la leyenda, sólo robaba dinero para repartirlo entre los pobres.
-Sí, eso es realmente raro -añadió García-. Pero yo creo que esa no es toda la historia, ¿verdad, señor alcalde?
-¿Qu ... qué quiere decir? -preguntó el alcalde Fernández.
-Creo que usted no ha sido la primera víctima del Caballero Negro, ¿o me equivoco?
El alcalde respiró profundamente.

*Übung 83: Ergänzen Sie!*

***(plástico, papel, cristal, madera, metal, algodón, cuero, piedra o ladrillos, tela)***

1. Un CD es de ______________.
2. La ventana es de ______________.
3. Un árbol da ______________.
4. Un automóvil es de ______________.
5. Un vaquero es de ______________.
6. Los vestidos son de ______________.
7. Los zapatos son de ______________.
8. La pared es de ______________.
9. Un libro es de ______________.



-No se le puede ocultar nada, señor comisario. Tiene razón.
-Antes de mí -siguió el alcalde-, atacaron a otras dos personas del lugar: un comerciante muy conocido y el sacerdote de esta parroquia. En medio de la noche se les apareció el Caballero Negro y ...
-... y les quitó su parte del arabesco, ¿no?
-¡Exacto! -dijo el alcalde en voz baja.

-¿Pero por qué no informaron a la policía entonces? -preguntó Bea, sorprendida.

El alcalde movió la cabeza negando.

-Nuestro único policía, Héctor Ramírez, acababa de desaparecer poco antes de los atracos. No nos atrevimos a llamar a la policía de otros lugares.

-¿Qué les hubiéramos dicho? -preguntó el alcalde sin recibir respuesta-. ¿Que nos había atacado un fantasma? Y como les hemos dicho sólo robó los arabescos que no son especialmente valiosos.

-De eso no estoy muy seguro -dijo García-. Pero si no me he equivocado, el caballero ha robado hasta ahora sólo tres partes del arabesco. ¿Dónde está la cuarta parte?

Raúl suspiró.

-En nuestra casa, comisario -dijo él-, en nuestra casa.

ÜBUNG 84 !

*Übung 84: Übersetzen Sie und finden Sie das Lösungswort!*

1. verschwinden _ _ _ _ _ _ ☐ _ _ _ _ _ _
2. stolz _ ☐ _ _ _ _ _ _ _ _
3. wertvoll _ ☐ _ _ _ _ _ _
4. stehlen _ _ _ ☐ _ _
5. Pfarrer _ _ _ _ _ ☐ _ _ _ _ _ _
6. lächeln ☐ _ _ _ _ _ _ _ _
7. einzigartig _ _ _ _ _ ☐ _
8. Pferd _ _ _ _ _ _ _ _ _ _ ☐

Lösungswort: _ _ _ _ _ _ _ _

Carlota Ramírez llevó al comisario y a Bea al pequeño salón de la pensión.

-¡Ahí lo tiene, comisario! -dijo la joven con orgullo: el fragmento del arabesco azul que es propiedad de nuestra familia desde generaciones.

El comisario García se acercó un poco más a la pared.
En un sencillo marco se encontraba un fantástico arabesco.
Al principio daba la impresión de estar formado por una caótica asociación de líneas azules. Pero si se miraba más detenidamente, se descubría que todo tenía su orden y su razón de ser.
-¡Es precioso! -dijo el comisario con admiración-. Pero, ¿por qué se dividió en cuatro partes?
Bea sonrió interiormente.
García no podía soportar que maltrataran obras de arte. Aunque ésto hubiera pasado hacía más de mil años.
Bea miró las otras fotos que colgaban en la pared. La mayoría mostraban a Carlota montando a caballo.
Al lado colgaban un par de diplomas que al parecer había ganado Carlota en torneos hípicos.

-¡Vaya! ¡No sabía que eres amazona profesional! -dijo Bea y miró a Carlota con admiración.
Carlota bajó la mirada con humildad.
-Nuestra familia se ocupa desde generaciones de la cría de caballos. Tenemos una cuadra a las afueras.
Y teniendo caballos -siguió Carlota-, es normal saber montarlos un poco.

*Übung 85: Übersetzen Sie!*

Raúl sonrió y (1. umarmte) ____________ a su hermana.
-No le crean ni una palabra -dijo-. Carlota es el mejor jinete en toda la comarca.
-¡Eso me lo creo! -dijo García y miró a la joven fijamente-. Pero volvamos al arabesco. Hay algo que no calza.

-¿El qué, comisario? -le preguntó Bea y miró el arabesco desde cerca. Las lineas (2. gemalte) ______________ formaban un precioso dibujo.

El comisario señaló con el (3. Finger)______________ una línea azul que pasaba por todo el pergamino. Hacía un par de curvas y era un poco más (4. dick) ______________que las otras líneas.

-Los arabescos son muy simétricos -dijo-, pero mirad aquí, esta línea algo más gruesa. Parece que se (5. bewegt)______________ libremente por el cuadro.

-Efectivamente -dijo Raúl-, de eso ya nos habíamos dado cuenta.

-Quizás fue un (6. Fehler)______________ del artista -dijo Bea con cuidado.

-No creo -dijo García-. Quien hace un trabajo tan delicado no hace tales errores. No, yo creo que tiene algo (7. Besonderes) ______________esta línea.

-¿Pero qué? -preguntó Bea.

-Eso lo descubriremos -respondió García (8. sicher) ______________ de sí mismo-. Pero ahora vamos a decirle cuatro palabras a ese Caballero Negro.

-¡Con mucho gusto! -dijo Bea-. Pero, ¿cómo le vamos a encontrar?
-Eso no será necesario, Bea. El vendrá a nosotros. De eso estoy pero muy seguro.
El comisario García miró el arabesco colgado en la pared.
-Esta es la última parte que le falta. Sea lo que sea para que necesite ese arabesco ... vendrá a buscarlo. Y nosotros le estaremos esperando.

*Übung 86: Übersetzen Sie!*

1. erster 1° ______
2. zweiter 2° ______
3. dritter 3° ______
4. vierter 4° ______
5. fünfter 5° ______
6. sechster 6° ______
7. siebter 7° ______
8. achter 8° ______
9. neunter 9° ______
10. zehnter 10° ______

ÜBUNG 86 !

El resto del día pasó tranquilamente.
El comisario García y Bea aprovecharon el día tan bueno para dar un paseo por la pequeña ciudad.
El comisario aprovechó, naturalmente, la ocasión para explicarle a Bea las obras de arte que tenía la iglesia del pueblo y visitaron un par de palacios muy interesantes en la plaza.
Como recompensa por su paciencia la invitó a tomar un café y un pastel artesanal en el antiguo café de la plaza con pastelería propia.
Pasaron el resto de la tarde, cuando no hacía tanto calor, en el pequeño jardín de la pensión.
Bea leía un periódico y un par de revistas alemanas que había comprado en Barcelona.
El comisario hojeaba un libro sobre arte árabe que había encontrado en la pequeña biblioteca municipal de Valdepaz.
De vez en cuando movía la cabeza, murmuraba algo para sí mismo y marcaba alguna hoja poniendo un trozo de papel.
Al anochecer empezaron a formarse algunas nubes.

*Übung 87: Verbinden Sie!*

1. El pastel y la torta son ☐ vajilla.
2. Las abejas y los mosquitos son ☐ la fauna.
3. El martillo y el destornillador son ☐ edificios.
4. La Feria de Sevilla y las Fallas son ☐ insectos.

ÜBUNG 87 !

5. Tenedor, cuchillo y cuchara son
6. Plato, copa, vaso o taza son
7. Los animales de una zona o país son
8. Las plantas de una zona o país son
9. Una casa, un rascacielos, un bloque son

- [ ] dulces.
- [ ] la flora.
- [ ] fiestas.
- [ ] cubiertos.
- [ ] herramientas.

Raúl apareció con una enorme jarra de limonada natural y mirando al cielo dijo …

-Parece que esta noche vamos a tener otra vez tormenta.

-¡Otra vez! -dijo Bea algo contrariada.

Raúl alzó los hombros.

-En esta época del año no es raro por aquí. Hace bastante calor de día y el aire caliente se concentra en las montañas.

-Se forman tormentas tan rápidamente -siguió- como luego desaparecen.

-¡Por lo menos durante el día no ha llovido! -dijo Bea.

-Y supongo que va a ser una noche muy agitada -dijo el comisario sin dejar de mirar el libro.

ÜBUNG 88 !

*Übung 88: Ergänzen Sie Gruppennamen!*

***(manada, ejército, archipiélago, gobierno, equipo, bosque, orquesta o banda, bandada)***

1. Un conjunto de pájaros es una ______________.
2. Un conjunto de músicos es una ______________.
3. Un conjunto de jugadores es un ______________.
4. Un grupo de islas es un ______________.
5. Un conjunto de toros, elefantes, caballos es una ______________.
6. Un gran grupo de soldados es un ______________.

7. Los ministros de un país forman el ______________________.

8. Un conjunto de árboles es un ______________________.

Unas nubes enormes se juntaban lentamente en el cielo cuando de repente se oyó un fortísimo trueno por toda la comarca.
Bea, Raúl, Carlota y José García estaban en la cocina comiendo algo. Eran más de las once de la noche.
El segundero del reloj avanzaba rítmicamente hacia las doce.
Bea tamborileaba de modo nervioso en la mesa.
-¿Estás seguro de que va a venir el Caballero Negro esta noche? -le preguntó a José.
-Bastante seguro -respondió García-. Sólo le falta esta parte del arabesco misterioso. ¡Tiene que acabar su trabajo!
-¡Si sólo supiéramos qué se oculta tras ese arabesco! -murmuró Bea.
-Estoy seguro de que el Caballero Negro nos ayudará a solucionar ese enigma -respondió García.
-Tal vez sin querer, pero lo hará -terminó el comisario.
Carlota se movía intranquilamente en su silla.

*Übung 89: Welche Bezeichnung passt?*
***(tubo, paquete, hoja, ramo, pastilla, manojo, rollo, lata, barra)***

1. una ______________ de sardinas en conserva
2. un ______________ de cigarrillos
3. una ______________ de pan
4. una ______________ de papel
5. una ______________ de jabón
6. un ______________ de flores
7. un ______________ de pasta dentífrica

8. un ____________ de papel higiénico
9. un ____________ de perejil

-Ya estoy un poco nerviosa -dijo ella-. No se espera muy frecuentemente la visita de fantasmas ...

-Lo entiendo, Carlota -dijo García-. ¿Por qué no se va a acostar? Ya es muy tarde y si aparece el Caballero Negro lo único que hace quedándose es ponerse en peligro.

Carlota bostezó.

-Creo que tiene razón, comisario -respondió ella levantándose de la silla-. Entonces, buenas noches y tengan cuidado.

Raúl se levantó también.

-Espero que no os moleste si me voy también a acostar.

-¡Por supuesto que no! -respondió García y se levantó para desearles buenas noches.

-Nosotros nos vamos a quedar aquí -siguió el policía- y si no pasa nada, nos iremos a dormir también. ¿Verdad, Bea?

-Eehh ... Sí, claro, claro -respondió la policía. -¿Qué estaba planeando el comisario? -se dijo a sí misma.

Carlota y Raúl se fueron de la cocina justo al sonar las doce.

! ÜBUNG 90

*Übung 90: Vervollständigen Sie mit dem richtigen Wort!*
***(cuadro, dibujo, imagen, pintura, retrato)***

1. "Las Meninas" es uno de los ____________ más famosos de Velázquez.
2. Pon la ____________ de la tele más brillante y con más contraste.
3. Quiero estudiar ____________ y grabado en Sevilla.
4. Luisito ha hecho un ____________ muy bonito de una flor.

5. Esa fotografía es el ______________ de mis abuelos.
6. En las noticias han mostrado ______________ impactantes de la guerra.
7. Mi próximo ______________ será al óleo.

-La hora de los fantasmas -murmuró Bea cuando se habían ido los dos hermanos.
-Es bien raro -añadió pensativa-. De repente no podían aguantar más.
-Sí, eso es un poco raro -respondió García. -Pero, por otro lado . . .-. No terminó la frase.
En la calle resplandeció un trueno.
El viento lanzó una ráfaga de lluvia contra los cristales.
Esta tormenta le recordaba la vez que se encontraron con el Caballero Negro, fuera, en la carretera.
Y esa misma noche el enmascarado había atacado al alcalde. Durante la tormenta, pensó Bea . . .
-¡Un momento! -dijo la chica saltando de su silla.
Ahora se acordaba de lo que le había parecido extraño esa mañana.
El Caballero Negro . . . la tormenta . . .
-¡Comisario! -llamó a García-. ¡Se me acaba de ocurrir algo!
El comisario tomó despacio un sorbo de café y miró a su ayudante con interés.
-¿Si? Cuéntame . . .
Bea se levantó y volvió a sentarse muy nerviosa . . .
-¿Recuerdas la primera vez que vimos al Caballero Negro en la carretera? ¡Apenas había empezado la tormenta!

## *Übung 91: Ergänzen Sie!*

***(una editorial, un hipódromo, un pabellón (polideportivo), una tintorería, una lavandería, un asilo, un vivero)***

El lugar donde …

1. se publican libros es ______________________.
2. se crían plantas es ______________________.
3. hay carreras de caballos es ______________________.
4. se pueden practicar deportes a cubierto es ______________________.
5. se limpian prendas de vestir es ______________________.
6. se puede lavar ropa sucia es ______________________.
7. viven ancianos es ______________________.

-Bueno, ¿y qué?

-Pues que el alcalde dijo que lo atacaron al poco de empezar la tormenta.

-¡Muy buena observadora, Bea! -asintió García.

-Pero, ¿cómo pudo estar el Caballero en dos lugares al mismo tiempo? … A no ser que sea un espíritu … o que haya …

-… dos Caballeros Negros. ¡Exactamente!, querida Bea. Sabía que tarde o temprano te darías cuenta.

Bea le miró un tanto encolerizada.

-¡¿Lo ha sabido todo este tiempo?!

-Bien. Es que quería saber si llegarías a las mismas conclusiones que yo por tí misma.

Bea se echó unos mechones de pelo para atrás.

-¿Crees que los dos trabajan en equipo? ¿Tenemos que vérnoslas con una banda?

-¡Buena pregunta, Bea! Pero no lo creo. Yo me imagino algo muy diferente.

-¿Ah, sí? ¿Y qué es?

El comisario escuchó atentamente. Le parecía haber oído algo entre el ruido de la lluvia ...

-¡Ruido de herraduras!
-Propongo posponer las preguntas para más tarde. Creo que tenemos visita.
Bea dejó de respirar.
-¿Crees que es ...?
-¿El Caballero Negro? -dijo el comisario-. De eso estoy seguro. No muchas personas pasean a caballo con este tiempo.
El comisario puso un dedo en sus labios.
El ruido de herraduras había cesado.
O el caballero había seguido ... o estaba delante de la puerta.
En momentos como ese lamentaba García el no tener ningún arma.
Normalmente no le gustaba llevarlas, pero ahora ...
No pudo terminar su pensamiento.
La puerta se abrió de un golpe muy fuerte.

*Übung 92: Ergänzen Sie!*
***(espada/Degen, trueno/Donner, pecho/Brust, coger/nehmen, lucha/ Kampf, sombrero/Hut)***



Un rayo rompió la oscuridad y se oyó un 1. ______ fortísimo.
¡Allí estaba: el Caballero Negro!
Como la primera vez iba completamente vestido de negro. Llevaba un 2. ______ de ala ancha y el resto de su cara estaba cubierto por un pañuelo igualmente negro.
Su ropa brillaba por el agua.
En su mano derecha llevaba una 3. ______.

-¡Vaya, hombre! -dijo el comisario-. No le he oído llamar. ¿Puedo ayudarle en algo, caballero?

Bea admiraba la sangre fría del comisario. Ninguno de los dos llevaba armas.

-¡Sabe exactamente lo que quiero! -gritó con voz ronca e imperante el enmascarado-. ¡¡Déme el arabesco!!

-Lo siento mucho -respondió García-. Estamos de invitados. No puedo darle algo que pertenece a nuestros anfitriones. Lo tendrá que 4. ______________ usted mismo.

-¡¡Pues bien!! -volvió a gritar el enmascarado.

Con la espada levantada se dirigió al comisario que se puso delante de Bea para protegerla.

-¡Bueno, vale! ¡Yo puedo cuidar de mí misma!

El comisario asintió. En una 5. ______________ cuerpo a cuerpo Bea tenía más posibilidades de vencerlo gracias a su entrenamiento en artes marciales.

Sin embargo, García no se movió de donde estaba.

-¡¡Fuera de mi camino!! -gritó aún más fuerte el Caballero Negro-. ¡O te atravieso!

La espada estaba sólo a unos centímetros del 6. ______________ ______________ del comisario. García contuvo la respiración. Esperaba no haberse equivocado en sus suposiciones.

-¡Alto! -gritó una voz.

El Caballero Negro se dio la vuelta.

Bea abrió todavía más los ojos.

El comisario volvió a respirar.

Detrás del caballero había otra persona ...

¡Un segundo Caballero Negro!
Iba vestido igual que el otro pero era algo más delgado.
Llevaba también una espada en la mano derecha.
-¡¡No sé quién eres ni por qué usas mi nombre, pero esta farsa se ha terminado!! -gritó el nuevo caballero con una voz menos ronca pero fuerte.

*Übung 93: Welches Wort ist das „schwarze Schaf"? Unterstreichen Sie!*

ÜBUNG 93 !

1. lata, botella, helado, paquete, caja
2. mantequilla, café, pollo, mermelada, zumo
3. algodón, seda, pino, lino, lana
4. tijeras, sierra, cuchara, cuchillo, espada
5. pastilla, jarabe, supositorio, venda, gotas
6. tiburón, atún, delfín, trucha, salmón
7. castillo, palacio, monasterio, plaza, torre
8. pecho, espalda, sombrero, cabeza, piernas

-¿Pe ... pe ... pero qué pasa aquí? -dijo en voz baja Bea-. ¿Estoy borracha o qué?
El primer Caballero Negro no prestó atención a Bea o al comisario.
Dio un paso adelante ... y dio una estocada con su espada.
El segundo caballero evitó la estocada magistralmente.
Las dos espadas entrechocaron tan fuertemente que salieron pequeñas chispas.
Los dos enmascarados empezaron a luchar entre ellos con furia.
Ya no se podía distinguir quién era quién.
Ambos luchaban sin piedad y a muerte.
-¡Dios mío! -murmuró Bea-. ¿A cuál de los dos debo apoyar?
-Esperemos que gane el mejor -contestó el comisario-. Y que el mejor sea el bueno.
La lucha siguió, Bea y García miraban sin poder hacer nada.

Sin tener en cuenta el mobiliario luchaban los dos enmascarados. Uno de ellos tiró una estantería, un jarrón antiguo y un pequeño escritorio.



*Übung 94: Unterstreichen Sie das richtige Wort!*

Los dos luchadores parecían ser igual de fuertes. Las espadas volaban a derecha e izquierda, arriba y abajo.
Los gritos de ambos se mezclaban.
Finalmente, al comisario le pareció un tiempo larguísimo, uno de los dos se echó para atrás.
Pero en lugar de huir o rendirse (1.) sacó/metió de la cintura un objeto … ¡Una pistola!
-¡Cuidado! -gritó el comisario.
Pero ya era demasiado tarde. Sonó un disparo.
El otro enmascarado intentó ocultarse pero no lo consiguió.
Gritó y dejó caer la espada.
El otro Caballero Negro rió y rompió la hoja de la espada del caído en dos con un (2.) fuerte/cuidadoso pisotón de su bota.
Luego (3.) dirigió/dio la pistola a Bea y al comisario.
-¡¡Esto ya empieza a no gustarme NADA! -gritó furioso y (4.) cerró/miró la puerta rota por donde había entrado.
Parecía tener (5.) miedo/interés de que alguien hubiera oído el disparo.
-¡La chica (6.) viene/va conmigo! -gritó el enmascarado y miró a Bea.
-¡Usted está loco! -gritó el comisario y dio un paso (7.) furioso/contento hacia el caballero.

En ese momento sonó otro disparo en la habitación.
El enmascarado había disparado al suelo a unos centímetros del comisario.
-¡¡He dicho que la chica se viene conmigo!! -gritó éste.

-Si quiere verla otra vez con vida -continuó el enmascarado- tráigame ese arabesco en una hora allí arriba, al antiguo monasterio.
-¡Déjelo, comisario! -dijo Bea valerosa-. Puedo cuidar de mí misma.
Y se acercó hacia el enmascarado.
-¡¡No te vas a escapar, amiguito!! -le dijo entre dientes Bea al enmascarado.
-Eso lo veremos. ¡Adelante!
Con la pistola en alto sacó a Bea a la calle a la lluvia.

*Übung 95: Suchen Sie das Gegenteil dieser Wörter!*
***(1. desmontar, 2. aparecer, 3. alejarse, 4. de pie, 5. descubrir, 6. sentarse)***



El comisario tuvo que ser espectador de cómo el Caballero Negro la obligaba a montar en el caballo.
Luego, montó él y los dos desaparecieron en la oscuridad.
El comisario se echaba la culpa de todo.
Se acercó al caballero herido. Éste estaba sentado en el suelo y se agarraba el brazo herido.
-¿Está bien ... Carlota? -le preguntó García.
El enmascarado miró a los ojos marrones oscuros del comisario con sorpresa.
-¿S ... S ... Sabe quién soy? -le preguntó Carlota sorprendida y se quitó el pañuelo que le cubría la cara.
-Lo había supuesto -sonrió el comisario-. ¿Puede levantarse?

-Creo que sí -repondió la joven y sonrió valerosamente.
-Por suerte sólo ha sido un rasguño -añadió la chica-. -¡Pero tenemos que irnos! ¡Ese desgraciado tiene a Bea!
El comisario negó con la cabeza.
-Bueno, primero tenemos que curarla. La voy a necesitar.
En ese momento bajó Raúl por la escalera.

-¡Carlota! -preguntó con preocupación-. ¿Qué te ha pasado? ¿Estás herida?
Carlota le sonrió a su hermano.
-Es sólo una pequeña herida, hermanito. Nada serio.
El comisario le dio la razón con un gesto y mirando a ambos a los ojos.

ÜBUNG 96

*Übung 96: Ordnen Sie die Buchstaben in Klammern zu einem sinnvollen Wort!*

-Ha tenido suerte. ¿Tiene vendas y (1. cahollo) ________, Raúl?
-Sí, claro. ¡Voy a buscarlos en seguida!
Raúl subió la escalera rápidamente y entró en el cuarto de (2. ñabo) ________.
-¿Desde cuándo sabe que me escondo tras la (3. ácamsra) ________ del Caballero Negro, comisario? -le preguntó Carlota. El comisario se apoyó y la levantó hasta la mesa de la (4. conaci) ________. Carlota se sentó en una de las sillas.
-No lo sabía, lo he supuesto -respondió García. A mi también se me ocurrió que tenía que (5. abher) ________ dos Caballeros Negros. El que encontramos en la carretera ... ése eras tú, ¿no?
-Sí -dijo Carlota sintiéndose culpable-. No sabía quién venía y sólo quería asustarles un (6. copo) ________. Pensé que tal vez tenían relación con la ola de robos. Pero, ¿cómo ha conseguido descubrirme?
-¿Recuerda? -le preguntó el comisario -¿ que (7. chenoa) ________ cuando llegamos tenía el pelo mojado?

-Anoche dijo que se había lavado el pelo -siguió García-. Eso fue una primera pista. Luego vi, como Bea también, los numerosos diplomas de competiciones hípicas. Usted es un jinete perfecto. Igual que el Caballero Negro.

*Übung 97: Suchen Sie die Synonyme für folgende Wörter!*
***(1. arriesgado, 2. malhechor, 3. ensuciar, 4. sin hacer nada, 5. entender, 6. liberar, 7. entregar, 8. contento)***

ÜBUNG 97 !

En ese momento volvió Raúl con el botiquín de primeros auxilios.
-¡Pero no debería haber tomado parte en un asunto así. Le he dicho siempre que es muy peligroso! -añadió Raúl.
Carlota reaccionó irritada.
-¡Claro que es peligroso! ¡Así ha sido siempre!
-Pero ese criminal -continuó la chica-, que se esconde tras la máscara ha tirado por el suelo el honor de nuestra familia. ¡Tenía que hacer algo! No podía quedarme de brazos cruzados!
-¡Un momento! -dijo García-. Ahora no les sigo.
-Se lo aclaro por el camino -dijo Carlota-. Tenemos que irnos para rescatar a Bea y atrapar a ese canalla.
-¡Yo también voy! -dijo Raúl, antes de que García pudiera oponerse. De dos pasos se acercó a la pared y descolgó el arabesco.
-Si quiere tener nuestro arabesco entonces se lo daremos. Pero no va a ser más feliz con él.

*Übung 98: Wie lautet das Gegenteil?*
***(la inseguridad, la lentitud, la desmotivación, el fracaso, la ineficacia, la rigidez, las pérdidas, el pesimismo, el estancamiento)***

ÜBUNG 98 !

1. el éxito ______________________
2. la seguridad ______________________

3. la motivación ______
4. el optimismo ______
5. la rapidez ______
6. la eficacia ______
7. la flexibilidad ______
8. las ganancias ______
9. la innovación ______

Todavía se veían de vez en cuando algunos rayos en la lejanía. Raúl conducía por la carretera.
A lo lejos, más negro que el resto del cielo, se perfilaban los montes en la noche desagradable.
El comisario García iba delante con Raúl que conducía y miraba por el hombro hacia atrás donde iba Carlota.
Esta llevaba todavía la ropa del Caballero Negro aunque sin máscara. Ya no la necesitaba.
Sobre el brazo derecho brillaba una venda muy blanca en contraste con el negro del traje.
-¡Nos completamos maravillosamente!, ¿sabe? -bromeó el comisario-. Usted tiene herido el brazo derecho y yo el izquierdo.
Carlota sonrió. -Sí somos un equipo perfecto.

ÜBUNG 99 !

*Übung 99: Ergänzen Sie das passende Verb!*
***(cometer, practicar, realizar, ejecutar, construir, criar, solucionar, aprobar)***

1. ______ un deporte
2. ______ un crimen
3. ______ un proyecto
4. ______ una orden

5. ______________ un edificio

6. ______________ un examen

7. ______________ animales

8. ______________ problemas

-Pronto llegaremos -dijo Raúl, concentrado en el camino-. El monasterio sólo está a un par de kilómetros del pueblo.
-Entonces deberíamos aprovechar el tiempo que nos queda -dijo García.
-Tengo curiosidad por saber qué hay de verdad en la historia del Caballero Negro y por qué dijiste antes que era cuestión de honor familiar, Carlota.
-Bueno -empezó a contar la chica-, la historia del actual Caballero Negro empieza donde termina la del primer Caballero Negro: con su muerte.
-¿El primer Caballero Negro?
-¡Efectivamente, comisario! El primer Caballero Negro fue nuestro tatarabuelo -añadió Raúl, al lado del policía-, y es cierto que luchó por los derechos de los campesinos pobres. En aquella época no había sindicatos o algo así y los terratenientes ricos hacían lo que querían con los campesinos.

*Übung 100: Welches Familienmitglied ist gemeint?*

ÜBUNG 100 !

1. La madre de mi madre es mi ______________ .
2. El hijo de mi hermano es mi ______________ .
3. La hija de mi tío es mi ______________ .
4. Los hijos de mis hijos son mis ______________ .
5. El padre de mi abuelo es mi ______________ .
6. El marido de mi hija es mi ______________ .
7. El padre de mi mujer es mi ______________ .

8. La madre de mi mujer es mi _______________.
9. La hermana de mi mujer es mi _______________.
10. La mujer de mi hijo es mi _______________.

-Y entonces apareció su antepasado para ayudar a los más pobres -añadió García.

-La máscara le servía sólo para imponer -añadió también Raúl-. Y, además para ocultar la verdadera identidad del Caballero. Nuestro antepasado tenía miedo de que los propietarios ricos pudieran vengarse de su familia.

-Exacto -asintió Carlota-. Por eso ocultaba su cara y nadie sabía quién era. Salvo nuestra familia, naturalmente. Al morir en esa trampa, el shock en la familia fue muy grande. Pero tras unos meses su hijo juró seguir la lucha de su padre. Así es que se vistió de Caballero Negro y siguió sus obras.

-¡Increíble! -dijo el comisario.

Ahora se le iba aclarando todo poco a poco.

-Y por la ropa y la máscara la gente pensó que este nuevo caballero era el espíritu del primer Caballero Negro.

-¡Exacto! -dijo Carlota-. Y no sólo eso ... El nuevo Caballero Negro pasó la tradición a su hijo y así, generación tras generación.

-Así pensarían todos -siguió la chica-, que el Caballero Negro era inmortal, una especie de espíritu.

-Pero en realidad ha habido varios enmascarados. ¡Qué historia más increíble! -añadió García.

*Übung 101: Hier geht es um berühmte Personen. Finden Sie ihren Beruf heraus!*

1. Cervantes y Quevedo eran ______________.
2. De Falla y Beethoven eran ______________.
3. Carlos I y Carlomagno eran ______________.
4. Franco y Mussolini eran ______________.
5. Juan Pablo II y Juan XXIII eran ______________.
6. Einstein y Ramón y Cajal eran ______________.
7. Velázquez y Tintoretto eran ______________.
8. Billy Wilder y Buñuel eran ______________.
9. Beckham y Schuhmacher son ______________.
10. Marilyn Monroe y Penélope Cruz son ______________.
11. Plácido Domingo y Montserrat Caballé son ______________.

-Sí, comisario. Es la historia de nuestra familia. Aunque no lo sepa nadie excepto usted y nosotros -dijo Raúl.

-Es nuestro secreto. Por eso -siguió Carlota-, tenía que hacer algo cuando un malvado empezó a actuar como el Caballero Negro para robar.

-Es lógico -respondió el comisario-. Pero, ¿por qué se vistió usted de Caballero Negro, Carlota? ¿Y no ...

-¿... su hermano? -sonrió Raúl-. Tiene razón, eso es lo que tendría que haber hecho. Pero Carlota es mayor que yo. Ella hace siempre lo que quiere. Tengo que admitir, además, que es mejor jinete que yo.

-Pero Raúl me ha ayudado mucho -sonrió Carlota-. Somos un buen complemento.

-Les agradezco que me hayan contado el secreto de su familia -dijo García. Raúl se quedó callado.

-Espero que no sea la última historia que oiga en su vida, comisario - dijo Raúl y paró el coche.

Al pararse el coche de golpe saltó barro hacia adelante. Estaban delante de las oscuras ruinas del viejo monasterio.

ÜBUNG 102

*Übung 102: Ergänzen Sie!*

***(parque, plaza, pista, pabellón, sala, estadio, tablao, estudio o plató, consulta, pista, cancha, tablero)***

1. *un campo* de fútbol
2. ________ de tenis
3. ________ de toros
4. ________ de atracciones
5. ________ de deportes
6. ________ de flamenco
7. ________ de fiestas
8. ________ de televisión
9. ________ de médico
10. ________ de aterrizaje
11. ________ de ajedrez
12. ________ de baloncesto

Y delante de ellas estaba el falso Caballero Negro esperándoles.

A pesar de la oscuridad el comisario García, Carlota y Raúl pudieron ver que el falso Caballero Negro les apuntaba con una pistola.

Tras él estaba Bea. El malvado la había atado con las manos atrás.

*Übung 103: Finden und übersetzen Sie das Sprichwort in diesem Abschnitt!*

El comisario levantó el cuadro con el arabesco azul.
Afortunadamente estaba protegido por un cristal, lo cual evitaba que se estropeara con la lluvia.
-¡Aquí está el arabesco. ¡Deje libre a Bea! -gritó Raúl.
-¡Vayamos por partes! -respondió el enmascarado-. ¡Vengan aquí. Los tres. Pero despacio. No podían hacer nada más que seguir sus órdenes.
El tipo tenía todavía la sartén por el mango.
El enmascarado indicó con la pistola hacia la entrada del monasterio derruído. Bajo la luz de los rayos éste parecía un castillo fantasmagórico.

-¡Diríjanse al monasterio, venga! -gritó de mal humor el malhechor-. ¡Y nada de trucos! El comisario obedeció.
-¿Estás bien, Bea? -le preguntó al pasar a su lado.
-No te preocupes. Estoy bien. Desgraciadamente no pude evitar que me atara este tipo.
El comisario miró a las espaldas de su ayudante y pudo ver que no estaba atada sino esposada.
García se quedó pensativo.

-Hmm -murmuró el comisario.
El grupo llegó al interior del monasterio.
Dentro hacía frío y olía a humedad. Pero al menos no llovía.
El enmascarado le quitó con ansias el cuadro de las manos.
-¡Dámelo! ¡Al fín lo he conseguido!
-¿Qué es lo que ha conseguido? -le preguntó el comisario-, ¿querido señor Ramírez?
Bea, Raúl y Carlota abrieron los ojos, sorprendidos.

*Übung 104: Finden Sie die Synonyme!*
***(1. con fuerza, 2. desagradable, 3. conseguido, 4. representado, 5. inteligente, 6. forzar, 7. galería, 8. muro)***

-¿Ramírez? -susurró Carlota-. ¡Nuestro policía desaparecido! ¡El es el falso Caballero!
El enmascarado rió a carcajadas. Luego se quitó el pañuelo de la cara. Efectivamente era Ramírez.
-¡Muy listo, comisario! -sonrió Ramírez-. Así por lo menos puedo quitarme este incómodo pañuelo.
-Pero ¿cómo ha logrado saber que era yo? -le preguntó a García.
-No fue dificil -respondió el comisario.
-Primero ese secuestro simulado y ahora las esposas que le ha puesto a Bea. Que son esposas de policía.
-¡Realmente listo, comisario! Pero eso no importa demasiado ahora.
-¡Caminen! -los gritó a los tres.
Ramírez los obligó a todos a entrar por un estrecho pasillo.
Entonces sacó una linterna del cinturón.
-¡Pónganse allí en la pared! -ordenó.
Entonces rompió el marco del arabesco azul procurando no romperlo y lo sacó.
Con cuidado lo puso en el suelo donde ya estaban los otros tres fragmentos del arabesco.

-¡¿Q . . . qué es lo que pretende hacer aquí?! -le preguntó Bea-. ¿Quizás una galería de arte, o qué?
-¡Por supuesto que no, guapa! -respondió malhumorado Ramírez.
Entonces sacó del bolsillo una hoja y un lápiz.
Con mucho cuidado dibujó en el papel la linea azul más gruesa que iba por cada una de las cuatro partes del arabesco.
-Ahora sí que no entiendo nada -dijo Raúl-. ¿Pero qué hace?

-Yo creo que sé lo que hace. Ese arabesco no es sólo una obra de arte sino también un plano, ¿verdad, Ramírez?
Ramirez rió con fuerza.

*Übung 105: Ergänzen Sie!*
***(juegos, enfermedades, medios de transporte, bebidas no alcohólicas, infusiones, profesiones, programas de televisión, síntomas)***



1. El tren y el autobús son ______________________.
2. La malaria y el cólera son ______________________.
3. La fiebre y vomitar son ______________________.
4. El agua, la coca-cola o la limonada son ______________________.
5. La menta y la manzanilla son ______________________.
6. El médico y el fontanero son ______________________.
7. El documental, las noticias o los concursos son ______________________
______________________.
8. El ajedrez, las damas o las cartas son ______________________.

-¡Usted me sorprende una y otra vez, comisario! ¡Vuelve a tener razón!
-¿Un mapa? -preguntó Carlota-. ¿De qué?
-Les puedo aclarar toda la historia, después de todo no van a poder contarla a nadie más.
-Llevo estudiando años la historia de Valdepaz -dijo Ramírez-. Especialmente, por supuesto, la leyenda del viejo tesoro del monasterio.
Carlota movió la cabeza sin poder creerlo.

*Übung 106: Verbinden Sie Wort und Definition!*

| | | | |
|---|---|---|---|
| 1. prohibir | a) | ☐ | dibujo en papel de un lugar |
| 2. mapa | b) | ☐ | objeto para que los pantalones no se caigan |
| 3. cinturón | c) | ☐ | tener una idea de algo malo pero no estar seguro |
| 4. jugar | d) | ☐ | no recordar algo |
| 5. sospechar | e) | ☐ | los niños lo hacen |
| 6. dividir | f) | ☐ | creer en alguien |
| 7. confiar | g) | ☐ | cortar o separar un todo en partes |
| 8. olvidar | h) | ☐ | no permitir hacer algo |

-¡Pero si eso sólo es una leyenda! -le dijo-. Un cuento y nada más.
-¡Que se cree usted eso! -sonrió Ramírez-. ¡¡Y eso que han tenido el enigma y su solución delante de sus ojos durante todos estos años!!
-El arabesco -asintió el comisario.
-¡Exactamente! -respondió Ramírez-. Hace mil años, cuando los árabes conquistaron la provincia de Valencia, la gente de Valdepaz decidió ocultar lo más valioso que tenían. Llevaron todo a un antiguo laberinto que estaba bajo el monasterio.
-¿Un laberinto? -preguntó Bea-. ¿Existe de verdad un laberinto?
Raúl asintió. -Hay viejísimos corredores y pasillos picados en piedra. De niño me acuerdo que nuestros padres nos prohibieron venir a jugar aquí para que no nos perdiéramos en él.
-Eso es -dijo Ramírez-. A no ser que se tenga un plano. Y ese plano lo pintaron los habitantes de aquella época en forma de arabesco.
-¡Qué listos! -dijo García-. Así pasaría inadvertido. Los árabes conocían los arabescos y no sospecharían nada raro.
-¡Exacto! -confirmó Ramírez-. Y para estar seguros del todo dividieron ese plano, el arabesco azul, en cuatro partes. Esas partes se las dieron a cuatro personas de confianza del pueblo. Así nadie podría llegar sólo al tesoro.
-¡De ese modo se controlaban unos a otros! -dijo Bea.

-¡Una idea sensacional! -¡En efecto! -sonrió Ramírez-. Desgraciadamente, o por suerte para mí, el significado real del arabesco se fue olvidando con los siglos. Hasta que llegué yo.

*Übung 107: Finden Sie die spanische Übersetzung!*
***(1. beleuchten, 2. Anweisungen, 3. die Orientierung verlieren, 4. leicht, 5. gehorchen, 6. Nachkommen, 7. Vorfahre, 8. beschimpfen, 9. sich rächen)***



-Entiendo -dijo el comisario-. Pero hay una cosa que no entiendo todavía ... ¿Para qué se vistió usted de Caballero Negro para robar el arabesco? ¿Para qué tanto trabajo?
-Pues muy fácil -sonrió Ramírez con ironía en la voz. -¡Mi antepasado fue el que hace 200 años traicionó al Caballero Negro!
Ramírez alumbró con su linterna hacia el pasillo.
De vez en cuando iluminaba el plano y daba a los otros indicaciones para dónde ir.
-¡Ahora a la derecha! ¡El próximo corredor otra vez a la izquierda!
El comisario había perdido la orientación por completo. Los pasillos de piedra eran realmente un laberinto. Sin un plano ya se hubieran perdido sin duda. El comisario notó sin embargo que iban subiendo muy suavemente.
-¡Alto! -gritó Ramírez. Iba un par de pasos detrás de los demás y todavía llevaba la pistola apuntándoles. Miró el plano-. El pasillo ahora se divide en dos. Nosotros vamos a la izquierda.
El grupo obedeció sin decir nada.
-¡Entonces usted es el descendiente del maldito que vendió a nuestro tatarabuelo! -dijo con rabia Carlota-. Pero no entiendo para qué se ha vestido de Caballero Negro ... y precisamente usted.
-¡Pues se lo digo ahora mismo, guapa! -respondió Ramírez-. Mi antepasado era pobre y necesitaba dinero. Por eso se dejó convencer para traicionar al Caballero Negro. Fue un error, como se vería más tarde.

Al final se llegó a saber quién le había traicionado. Mi antepasado fue insultado en la calle. Nadie quería tener que ver con él. La situación era insostenible. Así que se fue con la familia de la comarca y cambió su apellido. Totalmente empobrecido y sin nada.
-Entiendo -asintió Bea oculta en la oscuridad-. Y ahora se venga usted del Caballero Negro haciendo que su nombre se relacione con robos y otros delitos ...
-¡Muy bien! -sonrió Ramírez-. Y además dentro de poco seré rico. Según el plano el tesoro debe estar cerca ya. Ahí delante a la derecha de nuevo.
Con cuidado el comisario daba un paso detrás de otro. A alguna distancia parecía verse claridad.

ÜBUNG 108

*Übung 108: Welches Wort gehört in die Lücke?*
***(culpable, sospechaba, pista, vengarse, defensa, ayuntamiento, robar)***

1. El falso Caballero Negro quiere __________ y enriquecerse.
2. Ramírez ha sido el __________ de los robos en Valdepaz.
3. García __________ que había más de un Caballero Negro.
4. Al ver que Bea estaba esposada y no atada con cuerda eso le dio la __________ para pensar que era Ramírez el delincuente.
5. Carlota actuó en __________ del honor de su antepasado.
6. El falso caballero se dirigió a la pensión para __________ el cuarto arabesco.
7. Ramírez atacó al alcalde para llevarse el arabesco del __________ .

-¿Era tal vez el final del túnel?
Ramírez parecía haberlo visto también.
-¡Bieeen! -gritó contento-. ¡Ahí tiene que ser!

El pequeño grupo siguió adelante. La luz se iba haciendo cada vez más grande.

¡De repente se iluminó todo! Bea se asustó muchísimo y dio un salto atrás. Había sido un relámpago. Efectivamente, estaban saliendo del laberinto.

-¡Qué raro! -pensó el comisario-. ¿Por qué habían escondido el tesoro fuera del laberinto? ¿No habría sido más seguro dentro de él?

Después de un par de pasos más el grupo llegó al final del laberinto.

*Übung 109: Vervollständigen Sie die Tabelle!*

| ***Verb*** | ***Substantiv*** |
|---|---|
| 1. ............ | caída |
| 2. necesitar | ............ |
| 3. ............ | subida |
| 4. llover | ............ |
| 5. ............ | imaginación |
| 6. entrar | ............ |
| 7. ............ | duda |



Salieron al aire libre.

La tormenta seguía sobre sus cabezas y de vez en cuando caían rayos y se oían relámpagos estruendosos.

El comisario necesitó apenas unos segundos para orientarse.

Estaban en una altiplanicie por encima de la pequeña villa de Valdepaz. Ante ellos había un profundo precipicio y abajo se veían las luces del pueblecito. Muy, muy abajo.

Efectivamente, el comisario no se había equivocado al pensar que iban subiendo durante todo el tiempo.

Lo único es que la subida había sido tan lenta que casi no la habían notado.

Bea miró escéptica a su alrededor. La lluvia le daba en la cara.
-¿Y dónde se supone que está oculto el tesoro? -preguntó ella.



*Übung 110: Suchen Sie die spanische Übersetzung!*
***(1. Neugier, 2. schnell, 3. verdorben, 4. schweben, 5. Holzwurm, 6. anhäufen, 7. Totenkopf, 8. Überraschung)***

Ramírez miró por todos lados algo inseguro. Él también se había imaginado todo de otra forma.
Entonces vio una pequeña casita que estaba al fondo, junto a la montaña. Era pequeña y muy sencilla y parecía que nadie había entrado en ella en muchísimo tiempo.
-¡Vamos allá! -ordenó Ramírez algo nervioso-. ¡Allí tiene que estar el tesoro!
El comisario García tenía sus dudas de que fuera así. Pero también tenía curiosidad. Ramírez no necesitó obligarlos con la pistola. Todos se dirigieron a la casita deprisa.
El comisarió entró el primero.
Un intenso olor a podrido y a cerrado flotaba en el ambiente. Ramírez iluminó con la linterna alrededor. En la casita no había más que una cama sencillísima, una mesa y una silla. Los muebles eran antiquísimos y estaban medio rotos de la carcoma. Junto a una de las paredes había varios libros enormes amontonados y que parecían también viejísimos.
El comisario García tomó uno de los libros con cuidado.
Por lo que podía reconocer en la oscuridad parecía un antiguo códice escrito en latín. Parecía un texto religioso por las imágenes ricamente decoradas que había en algunas de las páginas. Tal vez fuera una biblia o algo así.
De repente, Ramiréz movió un poco la linterna y alumbró una calavera sonriente. Carlota dio un grito de sorpresa.

-¿Pero qué demonios es esto? -se preguntó Ramírez-. ¿De quién es este esqueleto? ¿Y dónde diablos está el maldito tesoro?
En la esquina de la casa estaba ese esqueleto en posición sentada y sonriendo con la calavera a los visitantes sorprendidos.
Fuera, la tormenta seguía.

*Übung 111: Ergänzen Sie die Lücken im Text!*
***(árabes, esqueleto, acabar, plata, pálido, huesos, tesoro, linterna, habitantes)***



Ramírez maldijo contrariado.
El comisario no podía parar de reír.
-¡Aquí tiene su 1. ____________, Ramírez! -dijo finalmente, casi sin poder parar de reír.
-¡Qué leches quiere decir? -preguntó Ramírez y le puso la luz de la 2. ____________ en los ojos como un arma-. ¿Qué insinúa?
El comisario señaló con un movimiento de cabeza al 3. ____________ y a los libros manuscritos que estaban por todos lados.
-Como ya le dije: este esqueleto y los libros son el tesoro del monasterio. ¿Recuerda? Al llegar los 4. ____________ a Valencia los habitantes del pueblo escondieron sus objetos más valiosos.
Esos objetos valiosos -continuó el comisario-, no eran oro o 5. ____________. No. Antes pocos podían leer o escribir y el tesoro más grande para ellos era el monje que les podía leer la Biblia y los demás libros. El único en muchos kilómetros -siguió García- que sabía leerlos. Ése era su mayor tesoro. Y por eso lo escondieron de los árabes aquí.
Ramírez se puso 6. ____________ de repente.

-¡Noo! -gritó desesperado-. ¡ESO ES MENTIRA! ¡NO PUEDE SER!

-Pues creo que sí -contestó el comisario ligeramente irónico-. Me imagino que los 7. ______________ del pueblo ocultaron al monje aquí y le traían alimentos con regularidad. Hasta que un día éste murió de viejo.

-Por eso -siguió explicando García-, se fue olvidando el secreto del arabesco ... Simplemente ya no era necesario subir aquí.

Carlota rió a carcajadas y Bea y Raúl la siguieron.

-¡Fantástico, Ramírez! -dijo Carlota-. ¡Todo este trabajo ... por un par de viejos libros y 8. ______________!

Ramírez estaba rojo de furia.

-¡¡Cállense!! -gritó y levantó la pistola, nervioso de rabia-. ¡Muy bien! ¡Entonces no hay ningún tesoro. Pero al menos he hecho que todo el mundo relacione al Caballero Negro con el Mal. Y ahora voy a 9. ______________ con todos los testigos ... ¡¡Andando!! ¡¡Salgan de aquí!! ¡¡Al precipicio, deprisa!!

Los cuatro, Bea, el comisario, Carlota y Raúl estaban de espaldas al precipicio.

Delante de ellos estaba Ramírez con la pistola en la mano.

-Parecerá un accidente -dijo el hombre con la pistola-. Dos turistas sin cuidado y sus anfitriones suben a la montaña; la tormenta les sorprende y en la oscuridad caen al precipicio. Trágico pero nada raro.

-¡Eso no se lo cree ni usted! -le dijo Bea.
Ramírez le había quitado las esposas poco antes para que nadie sospechara algo diferente.

*Übung 112: Unterstreichen Sie diese Wendungen im folgenden Text!*

***(1. jemandem die Schuld geben, 2. jemandem seine verdiente Strafe geben, 3. ungeduldig werden, 4. düster werden, 5. Nase (bei Tieren), 6. anspornen, 7. zu laufen anfangen)***



-¡Vaya que sí me lo creo! ¡Nadie sospechará de mí! No olvide que oficialmente estoy secuestrado. Y desde luego que no voy a volver a ese maldito pueblo. ¡¡Venga!! ¡¡Saltad!!
Bea tragó saliva y miró al comisario.
-¿Qué podemos hacer? -le susurró a su jefe.
El viento levantaba su pelo rubio.
-¿Tiene algún plan secreto, comisario?
-Me temo que no -admitió el comisario-. Me temo que os he puesto a todos en una situación muy complicada.
-No se eche la culpa -dijo Carlota tranquila-. Ha hecho lo que tenía que hacer. Lo único que siento es no poder darle su merecido a este maldito.
Ramírez quitó el seguro de la pistola.
-Me estoy empezando a impacientar -dijo cada vez más nervioso.
Un rayo cruzó el cielo oscuro sobre el valle.
De pronto su rostro se volvió sombrío.
Asustado, Ramírez iba de un lado a otro.
¡Allí estaba!
Iluminado por la clara luz del rayo se veía la silueta del Caballero Negro montado en su caballo al borde del precipicio.
Los ojos del animal parecían brillar como fuego.

Le salía vapor por los agujeros de su morro.
El enmascarado miraba silencioso al malhechor.
Ramírez abrió los ojos de par en par.
-¡TÚ! -gritó de repente-. ¡NO! ¡DÉJAME EN PAZ! ¡LÁRGATE!
Ramírez levantó la pistola y disparó varias veces al jinete. Pero las balas parecían no hacer ningún efecto a la aparición.
Entonces el enmascarado le hincó las espuelas al caballo. El animal se volvió y se lanzó al galope en dirección de Ramírez.
Éste tiró su arma lleno de temor y se puso a correr en dirección contraria cruzando todo el lugar hacia el precipicio.
-¡Noooo! -gritó desesperado-. ¡¡Déjame en paz!! ¡¡¡Nooooo!!!
Y desapareció en la oscuridad de la noche.

-¡Ramírez, no siga! ¡Cuidado! ¡El precipicio!
García se puso a correr en dirección de Ramírez para detenerle en su loca carrera.
Bea, Raúl y Carlota habían visto sorprendidos cómo primero el criminal había disparado al aire varias veces y luego había tirado el arma para, acto seguido, ponerse a correr como alma que sigue el diablo.
El comisario sólo logró acercarse a él lo suficiente para ver cómo saltaba al precipicio.
No había podido evitarlo.
-¿Pero qué le ha pasado? ¿Qué ha visto? -preguntó Bea sin entender nada-. Primero quiere que saltemos al precipicio . . . y luego va y se tira él mismo.

*Übung 113: Finden Sie die spanische Übersetzung!*
***(1. retten, 2. um sich herum, 3. abnehmen, 4. ein Augenblick, 5. blättern, 6. Wert)***

El comisario movió la cabeza sin entender tampoco nada de lo que había pasado.
-No sé, Bea. No lo sabremos tal vez nunca. Pero lo que haya visto ... o creído ver ... nos ha salvado la vida.
Carlota Rodríguez estaba a un par de metros del comisario y miró a su alrededor.
En ese momento otro rayo rompió la oscuridad de la noche. A lo lejos creyó ver a un jinete vestido de negro que le sonreía.
Luego, éste se quitó el sombrero ... y un instante después ya no estaba allí. La joven decidió no decir nada. Quizás sólo eran imaginaciones suyas ...
Unos minutos después, Bea, Carlota, Raúl y el comisario volvieron a la casita para protegerse de la lluvia.
La tormenta se iba alejando muy lentamente del valle, pero seguía lloviendo.
El comisario empezó a hojear con cuidado los viejos libros manuscritos que estaban por todas partes.
-La verdad es que son un verdadero tesoro -dijo-. Esta biblia manuscrita seguro que tiene un valor inmenso. Desde el punto de vista histórico, al menos.

ÜBUNG 113

*Übung 114: Suchen Sie die idiomatische Redewendung, die im Text versteckt ist, und übersetzen Sie sie!*

Bea movió la cabeza. Con toda seguridad ahora seguiría una larguísima conferencia sobre el tema.
Y lo que pasaba es que había otro problema: Ramírez se había llevado consigo el plano.

ÜBUNG 114

-Díme, querido José, ¿cómo vamos a salir de aquí? -dijo Bea con voz algo irónica.

-¿Alguna idea genial tal vez? -le preguntó a su compañero.

El comisario frunció el ceño.

-La verdad es que es un problema -anunció él-. Pero no hay mal que por bien no venga.

-La tormenta se va yendo -siguió García-. Estamos de vacaciones . . . y tenemos mucho para leer por lo menos durante los próximos años.

Bea miró hacia el cielo sin poder creer lo que oía.

Las risas del comisario José García, Raúl, Carlota y de la misma Bea sonaron por un instante incluso más fuertes que el siguiente trueno en la noche.

FIN

# Abschlusstest

*Übung 1: Richtig (verdadero) oder falsch (falso)?*

1. García es un detective privado andaluz que vive en Barcelona.
2. Beate es una amiga suya de Hamburgo.
3. A García le interesa mucho el arte en general.
4. A García también le gusta cocinar.
5. Los dos están investigando el robo de un Picasso.
6. Los dos se van a encontrar con el ladrón en un café a las 11.
7. Para Bea, García es un poco pesado: le encanta contar todo lo que sabe de arte.
8. Finalmente consiguen detener al ladron del cuadro.
9. Encuentran el cuadro más tarde.
10. El cuadro estaba en la basura donde lo dejó el ladrón.
11. José es un buen atleta. Sin embargo a Bea no le gusta mucho correr.

*Übung 2: Ergänzen Sie die Lücken im Text!*
***(lucha, policías, compañera, bromas, intercambio)***

José García y Beate Schramm son dos 1. __________ que trabajan en Barcelona. José es comisario de una sección de la policía barcelonesa especializada en la 2. __________ contra la criminalidad con obras de arte. Beate es una policía alemana, de Hamburgo, que está en

Barcelona participando en un programa de 3. ______________ entre las dos policías.
A José García le gusta mucho su trabajo. Él mismo es un amante del arte.
Para José Bea es una buena 4. ______________, aunque piensa que se toma su trabajo demasiado en serio y no entiende 5. ______________ en absoluto.

*Übung 3: Ergänzen Sie den Text!*

En estos momentos los dos se ocupan del robo de un (1. Gemälde) ______________ del museo Picasso. El ladrón cortó la pintura del marco y (2. verschwand) ______________ entre la multitud que hay normalmente en el casco antiguo de Barcelona. Los guardias no pudieron hacer nada.
Después de algunas semanas de investigación, José consiguió contactar con alguien que quería (3. verkaufen) ______________ un Picasso. El se hizo pasar por (4. Kunsthändler) ______________ interesado en Picassos por los bajos fondos barceloneses.
Los dos policías se iban a (5. treffen) ______________ con el supuesto ladrón en pleno centro de Barcelona, en un café para hacer el (6. Tausch) ______________.
Ya en la terraza de un bar, el ladrón consigue (7. entkommen) ______________, al identificarse José y Bea como policías.

*Übung 4: Wählen Sie von beiden Möglichkeiten die richtige aus!*

Empieza una persecución en el Barrio Gótico de la ciudad. Este barrio es la parte más (1.) grande/antigua y, por eso, está formado por calles muy (2.) anchas/estrechas y nada rectas. Así es que Bea (3.) pierde/encuentra al ladrón cerca del mercado de la Boquería.

José se quedó un poco atrás porque no tenía muy buena forma física. Al llegar donde está Bea ve algunas (4.) pistas/marcas que indican que el ladrón podría estar en el mercado: en algunos puestos a la entrada y (5.) dentro/fuera del mercado los vendedores se quejan y recogen sus (6.) productos/dinero tirados por el suelo.

*Übung 5: Wie lautet das Gegenteil?*

Poco después consiguen encontrarlo otra vez escondido tras unos contenedores de basura. Pero el ladrón es otra vez más (1. despacio) ____________ que los policías y consigue escaparse hacia la calle. Bea lo persigue de cerca y consigue detenerlo en una plaza no muy (2. cerca) ____________ del Barrio Gótico.

Pero el ladrón amenaza con (3. coger) ____________ el cuadro a la fuente que hay en esta plaza. José consigue ponerse (4. delante) ____________ de él, aprovechando que hay muchos curiosos y se lanza (5. debajo de) ____________ el delincuente quitándole el maletín con la pintura pero se hiere en el brazo izquierdo al caer.

Pero desgraciadamente el maletín está (6. lleno) ____________.

¿Dónde ha dejado el ladrón el cuadro?

José tiene una idea y se dirige con Bea de nuevo (7. desde) ____________ el mercado tras dejar al malhechor en manos de la policía y curarle un poco el brazo. García piensa que tal vez el ladrón (8. cogió) ____________________ el cuadro a la basura donde él mismo estaba escondido.

Al llegar allí ven que (9. afortunadamente) ____________________ acaban de vaciar los contenedores de basura y salen corriendo en busca del camión de la basura. Lo consiguen (10. perder) ________________ cerca del mercado. Bea hace parar a los sorprendidos trabajadores y José se mete decidido en la parte trasera con la basura en busca del cuadro robado. ¡Por fin lo encuentran! Está intacto, aunque con algunos restos de verduras, frutas y otras cosas, al igual que el traje de García. Huele un poco (11. bien) ______________ y por eso no encuentran ningún taxi que los lleve a la comisaría de policía. Así es que tienen que ir a pie.

En la comisaría el jefe, algo sorprendido por el aspecto y el brazo del policía, les da la enhorabuena por el trabajo y les da un nuevo trabajo lejos de Barcelona, en un pueblecito de Castellón donde hace unas semanas que ha desparecido el único policía del lugar. Serán una especie de vacaciones.

*Übung 6: Erinnern Sie sich noch? Welche der nachfolgenden Aussagen treffen zu?*

1. Páginas 44/45

a) ☐ Los dos policías van en tren a un pequeño pueblo de Valencia para trabajar en un caso nuevo.

b) ☐ Los dos policías van en coche a Valdepaz, un pequeño pueblo de Valencia. Están en la autopista. Bea conduce el coche porque García tiene el brazo herido.

c) ☐ Los dos policías van en coche por una pequeña carretera en dirección a Valdepaz. García conduce aunque tiene su brazo herido. Bea no lo entiende.

2. Página 46

a) ☐ Van al pueblo medio de vacaciones medio de trabajo: Dicen que hay un tesoro escondido y Bea y García intentarán encontrarlo con la ayuda del policía del pueblo.

b) ☐ Van al pueblo porque hace unas semanas desapareció el único policía del lugar y no se sabe nada de él.

c) ☐ En realidad van al pueblo porque el policía del lugar ha desaparecido cuando buscaba el tesoro de un caballero.

3. Página 59

a) ☐ Bea y José llegaron al pueblo por la noche. Había luna llena y hacía calor. Se iban a alojar en la casa del policía desaparecido.

b) ☐ Llegaron al pueblo por la noche después de una tormenta y un extraño encuentro en la carretera. Iban a dormir en una pensión que José había encontrado en internet.

c) ☐ Bea y José llegaron a la hora de comer al pueblo. Van a alojarse en una pensión que está en la plaza del pueblo y que José encontró en Internet. Los propietarios de la pensión son Raúl y Carlota.

4. Páginas 63/64

a) ☐ En la pensión Carlota les cuenta la historia del Caballero Negro, una especie de Robin Hood que quitaba el dinero a los pobres para dárselo a los ricos. Bea y José toman una sopa caliente.

b) ☐ En la pensión Carlota y Raúl les cuentan la historia del Caballero Negro que era un árabe que robaba a los ricos para dárselo a los pobres.

c) ☐ Raúl les cuenta con una sopa caliente a los policías la leyenda del Caballero Negro que defendió a los campesinos pobres de un terrateniente rico de la zona.

5. Páginas 84/85

a) ☐ Cuando están en la casa vacía del policía desaparecido, García recibe una llamada a su móvil. Es Raúl que dice que han atacado al alcalde y que le han matado para quitarle un cuadro que tenía en su despacho.

b) ☐ García y Bea van al ayuntamiento desde donde les llamó Raúl porque atacaron al alcalde y le robaron su corbata preferida y un arabesco. El comisario piensa que tiene relación con el Caballero Negro.

c) ☐ García y Bea van al ayuntamiento. Raúl les llamó y les dijo que habían atacado al alcalde y que parecía ser el Caballero Negro. Además se llevó un cuadro, un arabesco del que hay cuatro partes. La única que queda está en la pensión de Raúl y Carlota.

*Übung 7: Welche der drei Antworten ist jeweils richtig?*

1. Carlota sabe montar muy bien a caballo. Es un excelente …
   a) ☐ caballista
   b) ☐ jinete
   c) ☐ caballera

2. Un arabesco es ...
   a) ☐ un dibujo de origen árabe
   b) ☐ una pintura antigua
   c) ☐ un plano del tesoro
3. Como llueve tanto José no pude ver la carretera aunque lleva puesto ...
   a) ☐ los limpiaparabrisas
   b) ☐ las luces largas
   c) ☐ el cinturón de seguridad
4. En España una tapa es ...
   a) ☐ un vaso de agua para el café
   b) ☐ una comida en un bar
   c) ☐ una pequeña porción de comida
5. Un monasterio es ...
   a) ☐ una especie de hotel antiguo
   b) ☐ un antiguo palacio
   c) ☐ un edificio religioso donde vivían monjes
6. El alcalde trabaja en ...
   a) ☐ un banco
   b) ☐ el ayuntamiento
   c) ☐ la comisaría de policía
7. Cuando un policía está trabajando está
   a) ☐ muy ocupado
   b) ☐ de servicio
   c) ☐ de casos
8. En Valencia en el siglo VIII aproximadamente llegaron ...
   a) ☐ los romanos
   b) ☐ los griegos
   c) ☐ los árabes
9. Bea está acompañando al comisario García ...
   a) ☐ de vacaciones
   b) ☐ porque es su amigo
   c) ☐ en un programa de intercambio

10. Ramírez es ...
   a) ☐ el policía desaparecido
   b) ☐ el verdadero Caballero Negro
   c) ☐ el hermano secreto de Carlota.
11. José García invita a Bea en Valdepaz a un café y pastel en ...
   a) ☐ un bar muy antiguo
   b) ☐ una pastelería
   c) ☐ un taller viejísimo
12. Las esposas son ...
   a) ☐ las mujeres de policías
   b) ☐ un objeto para poner a los delincuentes
   c) ☐ una especie de arma secreta
13. Carlota se vistió de Caballero Negro porque ...
   a) ☐ estaba aburrida
   b) ☐ quería descubrir al falso Caballero Negro
   c) ☐ no le gustaba trabajar en la pensión
14. Un barrio es ...
   a) ☐ una comida típica de Barcelona
   b) ☐ una bebida típica de Barcelona
   c) ☐ una parte o zona de una ciudad
15. En Valdepaz en esa época del año hay muchas ...
   a) ☐ tormentas con rayos y truenos
   b) ☐ fiestas
   c) ☐ cosas que hacer
16. A Bea le gusta mucho ...
   a) ☐ cómo Raúl cuenta historias
   b) ☐ lo que cuenta García sobre el arte
   c) ☐ el tiempo en Valdepaz

*Übung 8: Welches Wort passt jeweils nicht in die Gruppe? Unterstreichen Sie!*

1. policía, esposas, placa, arma, marido
2. desayuno, postre, cena, comida, café
3. pueblo, plaza, ayuntamiento, metro, calle
4. cuadro, acuarela, óleo, imagen, pintura
5. antes, después, durante, abajo, mientras
6. comedor, baño, pasillo, rueda, cocina
7. arriba, abajo, ahora, a la derecha, detrás

## Lösungen

**Übung 1:** 1. calor 2. aire 3. catedral 4. torre 5. cielo 6. nube Lösungswort: ladrón

**Übung 2:** 1. extranjera/ausländische 2. internacional/international 3. guapa/hübsche 4. joven/jung 5. bonita/schön 6. constante/ständige 7. intranquilo/unruhig 8. diferente/verschieden 9. desaprobatorio/missbilligend

**Übung 3:** 1. pararse/moverse 2. precioso/feo 3. tranquilo/intranquilo 4. paz/guerra 5. cielo/tierra 6. trabajar/descansar 7. tarde/temprano 8. diferente/igual

**Übung 4:** 7-10-11-8-1-4-2-3-6-9-5

**Übung 5:** 1. delante 2. cuatro 3. antes 4. cuarto 5. caldo 6. ruido 7. autobús 8. pasillo 9. bolígrafo.

**Übung 6:** 1. puente 2. palabra 3. humor 4. estilo 5. prisa 6. ladrones 7. jefe 8. manos 9. visita

**Übung 7:** 1. triste 2. acera 3. brazo 4. subió 5. respondió 6. impaciencia 7. la cabeza 8. arrancar 9. tráfico 10. salt

**Übung 8:** 1. ladrones 2. jefes 3. jóvenes 4. pares 5. taxis 6. catedrales 7. veces 8. relojes 9. direcciones 10. lápices

**Übung 9:** 1. b 2. d 3. g 4. a 5. c 6. f 7. e

**Übung 10:** 1. sentada 2. sentó 3. agradable 4. blanco 5. preguntó 6. desayunado 7. descansar 8. sonrió/rió 9. raro 10. nada 11. subió 12. clientes

**Übung 11:** 1. taxímetro 2. todavía 3. sonrió (Indef. 3. Pers. Sing.) 4. está (Präs. 3. Pers. Sing.) 5. cafetería 6. rápidamente 7. céntimo 8. ¿Cuánto? 9. cortesía 10. después 11. García 12. Ramírez 13. José

**Übung 12:** 1. bien 2. tranquilamente 3. mal 4. nuevamente 5. impacientemente 6. solamente 7. constantemente 8. raramente

**Übung 13:** 1. c 2. b 3. d 4. a

**Übung 14:** 1. *en* él 2. *en* su oficina 2. *por* la calle 4. *de* izquierda *a* derecha 5. *en* su bolsillo 6. *por* la portada 7. *en* la mesa 8. *para* atrás 9. *en* su silla

**Übung 15:** supuesto/falso, colocar/poner, alzarse/levantarse, aproximarse/acercarse, portar/llevar, comenzar/empezar, ligera/superficial, contestar/responder

**Übung 16:** 1. caballero 2. sentarse 3. maletín 4. gafas 5. mesa 6. cuadro 7. museo 8. sorpresa

**Übung 17:** ser caradura = ein unverschämter Kerl sein (wörtlich: ein Hartgesicht sein)

**Übung 18:** 1. la lengua 2. un rato 3. dentadura 4. libreta 5. de las narices 6. la cara 7. boca 8. esposas

**Übung 19:** 1. cita 2. billete 3. casos 4. recado 5. sorbo 6. caballete 7. marco

**Übung 20:** 1. überall 2. keinen Spaß verstehen 3. es lohnt sich 4. am helllichten Tage 5. eine (große) Überraschung erleben. 6. Was für ein Zufall! 7. Viel Spaß! 8. Stimmt so! (beim Zahlen)

**Übung 21:** 1. precioso/feo 2. mal/bien 2. despacio/rápido 4. trasera/delantera 5. triste/alegre 6. sentado/de pie 7. capturar/dejar libre 8. interesante/aburrido 9. temprano/tarde 10. moderno/antiguo/viejo 11. barato/caro

**Übung 22:** 1. correr/laufen 2. saltar/springen 3. pasear/spazieren gehen 4. andar/zu Fuß gehen 5. arrastrarse/kriechen 6. hacer trekking/marchar/wandern 7. volar/fliegen 8. nadar/schwimmen

**Übung 23:** 1. capital 2. plazas 3. iglesia 4. edificios 5. casco 6. puestos 7. puerto 8. playa 9. palacios 10. monte 11. mercados

**Übung 24:** La prisa no es buena consejera = Eile ist keine gute Ratgeberin

**Übung 25:** 1. entrada 2. diferentes 3. mucho 4. parar/pararse 5. grandes 6. mujeres 7. gente 8. suelo

**Übung 26:** 1. frutería: peras, manzanas, naranjas, uvas, melón, sandía, cerezas 2. verdulería: patatas, pepino, pimientos, lechuga, ajo, tomates, cebollas 3. pescadería: calamares, trucha, almejas, bacalao, pulpo, salmón, gambas 4. carnicería: filete, lomo, ternera, salchichas, cerdo 5. embutidos: jamón serrano, chorizo, salchichón, jamón cocido, queso 6. especias, conservas y frutos secos: pimienta, tomillo, aceitunas, orégano, pistachos, almendras, pepinillos en vinagre 7. huevería y aves: huevos, pollo, pavo

**Übung 27:** 1. gusto 2. tacto 3. olfato 4. vista 5. oído

**Übung 28:** 1. abrió 2. fuente 3. alargado/estirado 4. agarraba/sujetaba 5. atrapado/cogido/detenido/agarrado 6. evitar 7. detener/atrapar 8. llegada

**Übung 29:** 1. tirarse/lanzarse 2. agarrar/coger 3. observar/ver 4. sin éxito/inútilmente 5. herirse/hacerse daño 6. poseer/tener 7. teléfono celular/móvil

**Übung 30:** 1. ojo 2. tobillo 3. corazón 4. espalda 5. pierna 6. cuello 7. boca 8. lengua

**Übung 31:** 1. cabeza 2. pie 3. brazo 4. nariz 5. dedo 6. cara 7. pelo 8. diente

**Übung 32:** 1. vendar 2. luxación 3. dolor 4. diestro 5. ambulancia 6. impaciencia 7. prisa 8. dar alas 9. cruzar 10. quitar 11. mostrar

**Übung 33:** 1. verdadero 2. redonda 3. sucio 4. leve 5. tonto 6. baja 7. extranjera 8. delgado 9. rápida 10. débil 11. viejo

**Übung 34:** 1. quería/planeaba 2. contestando 3. señaló 4. escondido 5. huir/librarse 6. pálido

**Übung 35:** 1. con 2. en 3. por 4. de 5. a 6. de 7. en 8. de 9. de 10. de/por 11. en 12. por 13. de/por 14. de

**Übung 36:** 1. asintió/dijo que sí 2. basura 3. se dio la vuelta/se volvió 4. negó/dijo que no 5. se junta 6. echó una mirada/echó un vistazo 7. esquina

**Übung 37:** 1. continuó/siguió 2. ancha 3. recogido 4. delante 5. delgado/flaco 6. morena 7. metió 8. arrancó 9. cerró 10. puso

**Übung 38:** 1. sacar 2. quitar 3. tirar 4. recoger, coger 5. encender 6. abrir 7. acostarse 8. ensuciarse 9. venir 10. bajar

**Übung 39:** 1. ventanilla 2. indignado 3. miedo 4. asientos 5. espejo 6. manchas 7. olía 8. se había dado cuenta 9. llevar

**Übung 40:** 1. hombros/Schultern 2. fácil/leicht 3. levantó/stand auf 4. calor/Hitze

5. escritorio/Schreibtisch 6. cargo/sich darum kümmern 7. vacaciones/Urlaub 8. orden/Befehl

**Übung 41:** 1. informes 2. mapas 3. se quedó pensando 4. contento 5. había cambiado su opinión 6. de vacaciones 7. ¡Inmediatamente!

**Übung 42:** autopista, autovía, carretera nacional, carretera provincial, pista, camino, sendero

**Übung 43:** 1. Tankstelle 2. Standspur 3. Verkehrszeichen 4. überholen 5. Vorfahrt beachten! 6. verboten 7. bleifrei 8. Öl 9. Autobahngebühr 10. Führerschein

**Übung 44:** 1. pasillo 2. playa 3. mirada 4. difícil 5. hombre 6. reloj 7. acera 8. llaves

**Übung 45:** 1. Hace calor 2. frío 3. Hay niebla 4. lloviendo 5. nevando 6. nublado

**Übung 46:** 1. a la derecha 2. iluminar 3. después 4. a lo lejos 5. responder 6. tranquilidad

**Übung 47:** 1. mirar 2. responder 3. asustarse 4. sonreír 5. acostumbrarse 6. tronar 7. mover(se) 8. saludar

**Übung 48:** 1. j 2. g 3. f 4. h 5. c 6. d 7. k 8. e 9. a 10. b 11. i

**Übung 49:** 1. d 2. a 3. g 4. b 5. c 6. i 7. e 8. f 9. h

**Übung 50:** aquí hay gato encerrado

**Übung 51:** 1. se divorció 2. te tranquilizas 3. despertado 4. alejando 5. se divirtió 6. irte 7. enfadarte 8. levantarme 9. se olvida

**Übung 52:** 1. rápidamente 2. con cuidado 3. baches 4. tener ganas 5. darle vueltas 6. dejar rastro 7. señal 8. asustado 9. enigma

**Übung 53:** 1. atrás 2. vuelta 3. débiles 4. todavía 5. desaparece 6. extraordinarias 7. entrando 8. anocheciendo 9. siguió 10. mojada

**Übung 54:** 1. policial/policíaco 2. marino/marítimo 3. ciudadano 4. pueblerino 5. montañoso 6. regional 7. terrestre 8. hogareño 9. lluvioso 10. nocturno 11. semanal

**Übung 55:** 1. subir 2. meter 3. bajar 4. desatar 5. prestar 6. poner en marcha 7. cerrar 8. soltar 9. llorar 10. entristecerse

**Übung 56:** 1. rubia 2. rizado 3. largo 4. claros 5. alto 6. gordo 7. calvo

**Übung 57:** 1. einen Schreck bekommen 2. Broschüre 3. Stück 4. Kofferraum 5. sich schützen 6. Reifenpanne 7. Klingel 8. Panne, Störung 9. Trick

**Übung 58:** en 1992, el año pasado, hace cuatro días, anteayer, anoche, hace dos horas, hoy, enseguida, en quince minutos, dentro de una hora, mañana, pasado mañana, en tres días, el mes que viene

**Übung 59:** 1. trabaja en el campo 2. construye casas y edificios 3. trabaja con clientes y les aconseja sobre leyes 4. enseña en una escuela 5. si tenemos algún problema con el agua en casa un fontanero es el adecuado 6. se dedica a trabajar la madera 7. vende y prepara medicinas 8. opera a sus pacientes 9. es un empleado del Estado 10. trabaja de empleado en una oficina

**Übung 60:** 1. persona que tiene influencia y muchas tierras y muchos trabajadores trabajan para él 2. hacerse pagar algo 3. cantidad de dinero que se paga cada cierto tiempo por un local o tierras 4. frutos o cultivo que se recogen de la tierra: cosecha de patatas, de melones, etc. 5. casa muy grande y lujosa 6. es el dinero que ganamos de alquilar nuestras tierras o propiedades 7. es el ruido característico de un caballo 8. forma de metal que se pone a los caballos en sus pezuñas para protegerlas 9. sueños malos o angustiosos

**Übung 61:** 1. dolor 2. retroceder 3. premio 4. apagar 5. extenso 6. odio 7. despreciar 8. alejar 9. vicio 10. suavidad

**Übung 62:** 1. imaginarse 2. hazañas 3. adorar 4. atrapar 5. escaparse 6. alzar 7. emboscada 8. ocultarse 9. asentir

**Übung 63:** 1. tapa 2. pescado 3. linterna 4. sopa 5. tomates 6. gafas 7. paraguas 8. cárcel 9. picnic 10. puente

**Übung 64:** 1. d, 2. e, 3. f, 4. a, 5. b, 6. c

**Übung 65:** 1. en él se lavan cosas 2. sirve para abrir conservas 3. objeto para freír alimentos 4. en ella se puede cocer o hervir 5. muy necesaria para tomar sopa 6. con él podemos limpiarnos las manos 7. recipiente para el pan por ejemplo 8. por él sale el agua 9. sirve para cortar 10. se usa para tostar pan 11. en él se pueden hacer pasteles

**Übung 66:** jamás, nunca, casi nunca, raramente, pocas veces, de vez en cuando, a veces, una vez por semana, dos veces al año, casi todos los lunes, todos los miércoles, cada hora, constantemente, siempre

**Übung 67:** 1. extrovertido 2. introvertido 3. pedante listillo 4 fría cariñoso 5. egoísta 6. tacaño 7. pesado gracioso ordinarios

**Übung 68:** 1. provincìas 2. árabes 3. artesanía 4. idioma 5. costa 6. paisaje 7. región 8. curvas 9. naturaleza

**Übung 69:** 1. objeto en la puerta para avisar que hay alguien 2. pequeño objeto metálico que sirve para sujetar el pelo 3. juntar algo que está dìsperso 4. algo que está libre. Lo contrario de recogido 5. por vergüenza o en situaciones incómodas la cara se pone roja 6. parte en una puerta que sirve para cerrarla y necesita una llave 7. cuando sabemos hacer algo bien la tenemos 8. dar algo de vuelta a alguien 9. poner derecho o recto algo que está doblado 10. persona especializada en poner o arreglar cerraduras

**Übung 70:** 1. cocina: ollas, sartenes, cubiertos, vajilla, paños, abrelatas, sacacorchos, tostadora 2. dormitorio: mesita de noche, armario, cómoda, pijamas, cepillo para la ropa 3. baño: pasta de dientes, cepillo de dientes, gel, champú, toallas, papel higiénico, maquinilla de afeitar 4. pasillo: percha para la ropa, llavero, zapatero 5. salón o cuarto de estar: televisión, equipo de música, sillones, sofá, estanterías, mueble-bar.

**Übung 71:** 1. planchar 2. cerveza 3. ordenador 4. plaza 5. tarta 6. espuma de afeitar 7. coche

**Übung 72**: 1. desaparición 2. señales 3. cortina 4. montón 5. violencia 6. raptado 7. curiosidad 8. descubrirás

**Übung 73:** 1. pierna 2. articulaciones 3. pulmones 4. sangre 5. músculos 6. estómago 7. hígado 8. corazón

**Übung 74:** 1. asignaturas 2. apellidos 3. medidas 4. montañas 5. flores 6. metales 7. aves/pájaros 8. nombres 9. estaciones del año

**Übung 75:** 1. farmacia 2. estanco 3. ferretería 4. taller 5. oculista 6. herboristería 7. papelería 8. cerrajería 9. ebanistería/carpintería 10. veterinario

**Übung 76:** 1. una cuerda 2. herramientas 3. tijeras o cuchillo 4. pegamento o cola 5. agua 6. un paño 7. agua y detergente 8. pinceles y pintura 9. dinero o tarjeta de crédito

**Übung 77:** 1. de 2. de 3. a 4. de 5. con 6. de 7. en 8. de 9. en

**Übung 78:** 1. deportes 2. muebles 3. bailes 4. especias 5. medicinas o medicamentos 6. cereales 7. verduras 8. animales salvajes 9. animales domésticos 10. peces 11. vehículos

**Übung 79:** 1. desde hace 2. desde 3. desde hace 4. Hace 5. desde 6. Hace 7. Desde

**Übung 80:** 1. vela 2. oscuridad 3. susto 4. intruso 5. cuerda 6. cinturón 7. pared 8. truco 9. ¡Enhorabuena! 10. despacho

**Übung 81:** 1. la mitad 2. medio kilo 3. el doble 4. el triple (o tres veces más de ...) 5. un tercio 6. un/el veinticinco por ciento 7. un litro y medio

**Übung 82:** 1. cuadro 2. grabado 3. acuarela 4. óleo 5. retrato 6. paisaje 7. desnudo 8. ceras

**Übung 83:** 1. plástico 2. cristal 3. madera 4. metal 5. algodón 6. tela 7. cuero 8. piedra o ladrillos 9. papel

**Übung 84:** 1. desaparecer 2. orgulloso 3. valioso 4. robar 5. sacerdote 6. sonreír 7. único 8. caballo Lösungswort: arabesco

**Übung 85:** 1. abrazó 2. pintadas 3. dedo 4. gruesa 5. mueve 6. error 7. especial 8. seguro

**Übung 86:** 1. primero 2. segundo 3. tercero 4. cuarto 5. quinto 6. sexto 7. séptimo 8. octavo 9. noveno 10. décimo

**Übung 87:** 1. dulces 2. insectos 3. herramientas 4. fiestas 5. cubiertos 6. vajilla 7. la fauna 8. la flora 9. edificios

**Übung 88:** 1. bandada 2. orquesta o banda 3. equipo 4. archipiélago, 5. manada 6. ejército 7. gobierno 8. bosque

**Übung 89:** 1. lata 2. paquete 3. barra 4. hoja 5. pastilla 6. ramo 7. tubo 8. rollo 9. manojo

**Übung 90:** 1. cuadros 2. imagen 3. pintura 4. dibujo 5. retrato 6. imágenes 7. cuadro

**Übung 91:** 1. una editorial 2. un vivero 3. un hipódromo 4. un pabellón (polideportivo) 5. una tintorería 6. una lavandería 7. una asilo

**Übung 92:** 1. trueno 2. sombrero 3. espada 4. coger 5. lucha 6. pecho

**Übung 93:** 1. helado 2. pollo 3. pino 4. cuchara 5. venda 6. delfín 7. plaza 8. sombrero

**Übung 94:** 1. sacó 2. fuerte 3. dirigió 4. miró 5. miedo 6. viene 7. furioso

**Übung 95:** 1. montar, 2. desaparecer 3. acercarse 4. sentado 5. cubrir 6. levantarse

**Übung 96:** 1. alcohol 2. baño 3. máscara 4. cocina 5. haber 6. poco 7. anoche

**Übung 97:** 1. peligroso 2. criminal 3. tirar por el suelo 4. de brazos cruzados 5. seguir (la explicación) 6. rescatar 7. dar 8. feliz

**Übung 98:** 1. el fracaso 2. la inseguridad 3. la desmotivación 4. el pesimismo 5. la lentitud 6. la inefiacia 7. la rigidez 8. las pérdidas 9. el estancamiento

**Übung 99:** 1. practicar 2. cometer 3. realizar 4. ejecutar 5. construir 6. aprobar 7. criar 8. solucionar
**Übung 100:** 1. abuela 2. sobrino 3. prima 4. nietos 5. tatarabuelo 6. yerno 7. suegro 8. suegra 9. cuñada 10. nuera
**Übung 101:** 1. escritores 2. compositores 3. reyes o monarcas 4. dictadores 5. papas 6. científicos 7. pintores 8. directores de cine 9. deportistas 10. actrices (Sing. actriz) 11. cantantes
**Übung 102:** 1. – 2. pista 3. plaza 4. parque 5. estadio 6. tablao 7. sala 8. estudio/plató 9. consulta 10. pista 11. tablero 12. cancha
**Übung 103:** tenía (todavía) la sartén por el mango = er hielt das Heft (immer noch) in der Hand
**Übung 104:** 1. a carcajadas 2. incómodo 3. logrado 4. simulado 5. listo 6. obligar 7. pasillo 8. pared
**Übung 105:** 1. medios de transporte 2. enfermedades 3. síntomas 4. bebidas no alcohólicas 5. infusiones 6. profesiones 7. programas de televisión 8. juegos
**Übung 106:** 1. h 2. a 3. b 4. e 5. c 6. g 7. f 8. d
**Übung 107:** 1. alumbrar 2. indicaciones 3. perder la orientación 4. suavemente 5. obedecer 6. descendiente 7. antepasado 8. insultar 9. vengarse
**Übung 108:** 1. vengarse 2. culpable 3. sospechaba 4. pista 5. defensa 6. robar 7. ayuntamiento
**Übung 109:** 1. caer 2. necesidad 3. subir 4. lluvia 5. imaginar 6. entrada 7. dudar
**Übung 110:** 1. curiosidad 2. deprisa 3. podrido 4. flotar 5. carcoma 6. amontonar 7. calavera 8. sorpresa
**Übung 111:** 1. tesoro 2. linterna 3. esqueleto 4. árabes 5. plata 6. pálido 7. habitantes 8. huesos 9. acabar
**Übung 112:** 1. echar la culpa 2. darle su merecido a alguien 3. empezar a impacientarse 4. volverse sombrío 5. morro 6. hincar las espuelas 7. ponerse a correr
**Übung 113:** 1. salvar 2. a su alrededor 3. quitarse 4. un instante 5. hojear 6. valor
**Übung 114:** no hay mal que por bien no venga = auch das Unglück hat (s)ein Gutes (wörtlich: Es gibt kein Schlechtes, das nicht zu etwas Gutem käme)

## Lösungen Abschlusstest

**Übung 1:** 1. falso 2. falso 3. verdadero 4. verdadero 5. verdadero 6. falso 7. verdadero 8. verdadero 9. verdadero 10. verdadero 11. falso
**Übung 2:** 1. policías 2. lucha 3. intercambio 4. compañera 5. bromas
**Übung 3:** 1. cuadro 2. desapareció 3. vender 4. marchante 5. encontrar 6. cambio 7. escapar
**Übung 4:** 1. antigua 2. estrechas 3. pierde 4. pistas 5. dentro 6. productos

**Übung 5:** 1. rápido 2. lejos 3. tirar 4. detrás 5. sobre o encima de 6. vacío 7. hacia 8. dejó o tiró o lanzó 9. desgraciadamente 10. encontrar 11. mal
**Übung 6:** 1. c 2. b 3. b 4. c 5. c
**Übung 7:** 1. b 2. a 3. a 4. c 5. c 6. b 7. b 8. c 9. c 10. a 11. b 12. b 13. b 14. c 15. a 16. a
**Übung 8:** 1. marido 2. café 3. metro 4. imagen 5. abajo 6. rueda 7. ahora